WELT DES WISSENS

MEERE UND OZEANE

Ein Dorling Kindersley Buch

3 03

Lizenzausgabe für den Ravensburger Buchverlag
Otto Maier GmbH

Titel der deutschen Originalausgabe: Unter Wasser

Übersetzung aus dem Englischen: Christian Quatmann
Umschlaggestaltung: wg3, Reinhard Raich
Printed in Germany
ISBN 3-473-35933-5

www.ravensburger.de

WELT DES WISSENS

MEERE UND OZEANE

Ravensburger Buchverlag

Inhalt

KREBSE 16

DIE MEERE 6

SEESTERNE 18

AM MEERESSTRAND 8

TINTENFISCHE 20

SEETANGE 10

FISCHE 22

PLANKTON 12

SELTSAME FISCHE 24

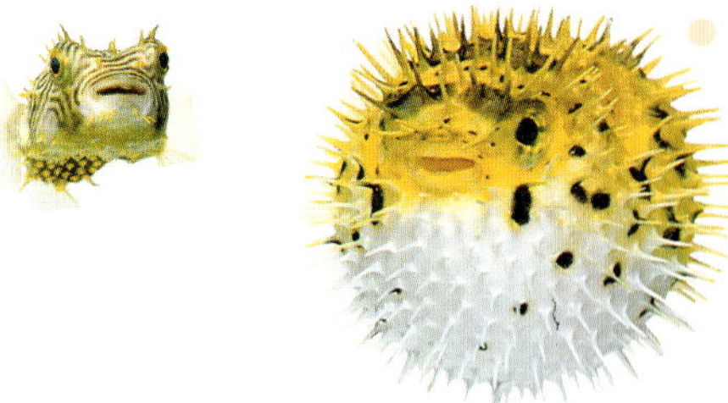

MUSCHELN
UND SCHNECKEN 14

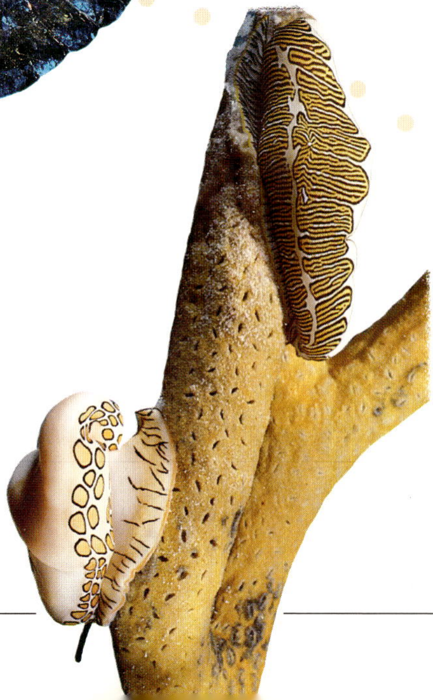

HAIE 26

ROCHEN 28

SEEVÖGEL 40

KORALLENRIFFE 30

TARNEN UND WARNEN 32

MEERESSCHILDKRÖTEN 42

WALE 34

WEITE WANDERUNGEN 44

DIE TIEFSEE 46

DELPHINE 36

STICHWÖRTER UND REGISTER 48–49

ROBBEN 38

Die Meere

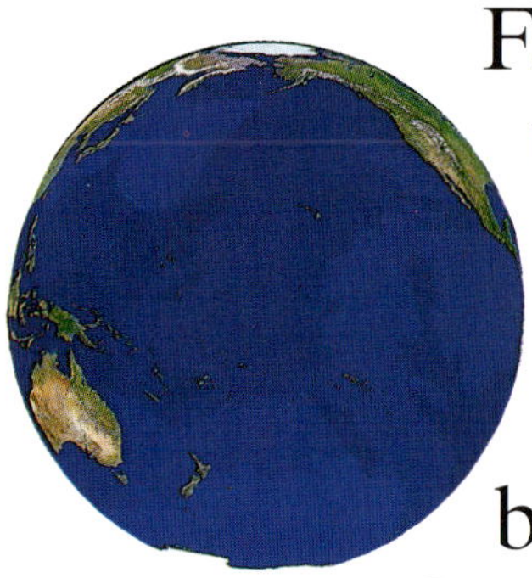

Fast drei Viertel der Erdoberfläche sind von Ozeanen und Meeren bedeckt. In diesen ungeheuren Salzwassermassen sind furchterregende Haie ebenso zu Hause wie friedliche Rochen, riesige Wale und winzige Fische. Und es wachsen bunte Korallengärten. Viele Teile der Ozeane sind von Menschen noch nie besucht worden, und sicher gibt es in dieser wunderbaren Unterwasserwelt noch vieles zu entdecken.

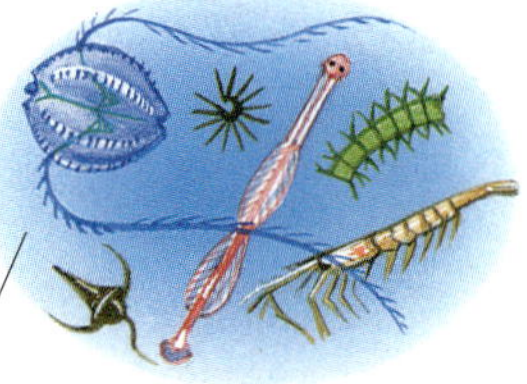

Winzige Pflanzen und Tiere, Plankton genannt.

Leben im Wasser
Abertausende von Pflanzen- und Tierarten leben in den Weltmeeren.

Meerwassergeschmack
Meerwasser enthält viele Mineralien, in erster Linie jedoch Salz. Dieses Salz kommt vom Festland. Wenn Regenwasser durch das Erdreich fließt, löst es in den Gesteinsschichten kleine Mengen Salz auf, die dann durch die Flüsse ins Meer gelangen. Wenn du etwas Salz in einen Becher Leitungswasser gibst, kannst du schmecken, wie salzig Meerwasser ist.

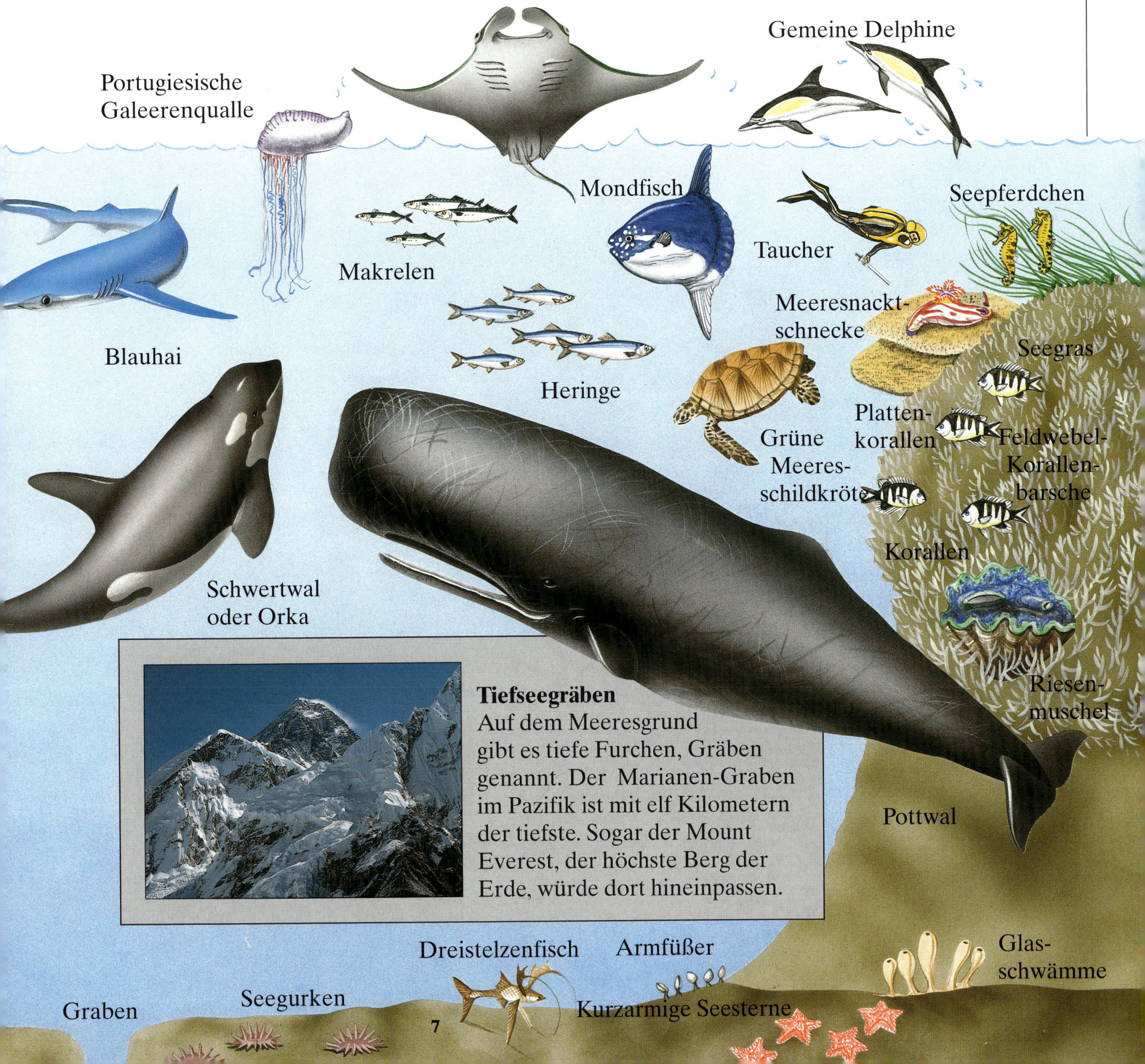

Tiefseegräben
Auf dem Meeresgrund gibt es tiefe Furchen, Gräben genannt. Der Marianen-Graben im Pazifik ist mit elf Kilometern der tiefste. Sogar der Mount Everest, der höchste Berg der Erde, würde dort hineinpassen.

Am Meeresstrand

Wenn du aufs Meer schaust, wirst du sehen, daß der Strand mal frei von Wasser und Stunden später wieder von ihm überflutet ist.
Das liegt an den Gezeiten: Zweimal am Tag zieht sich das Meer vom Land zurück, dann herrscht Ebbe, und zweimal kommt es mit der Flut wieder.

Schale einer Pilgermuschel

Möwenfeder

Miniaturwelt
Wenn an der Felsenküste das Meer bei Ebbe zurückfließt, bleibt in Löchern und Gesteinsspalten Wasser zurück. In diesen kleinen Felstümpeln leben viele Tiere.

Dieser Seestern hat einige Muscheln gefunden.

Wenn die Flut kommt, krachen die Wellen in die Felstümpel. Diese Napfschnecke wird trotzdem nicht davongespült, denn sie hat sich fest an den Stein geheftet.

Das hier ist nicht etwa ein Kieselstein, sondern ein Krebs!

Röhrenwürmer bilden lange Kreidegänge, in denen sie sich verstecken.

Seeanemone

Seeigel

Zerbrochene Schale einer Napfschnecke

Schatzsuche
Du suchst am besten bei Ebbe nach Strandgut, das vom Meer angespült worden ist. Aber sei vorsichtig! Das Meer kann schnell zurückkommen, so daß du plötzlich mitten im Wasser stehst!

Wenn du vorsichtig im feuchten Sand gräbst, siehst du vielleicht Tiere, die sich dort bei Ebbe verkrochen haben.

Rückenpanzer eines Krebses

Abdruck eines Möwenfußes

Dieses kleine Sandhäufchen hat ein Sandpierwurm aufgeworfen.

Diese Schale stammt aus dem Inneren eines Tintenfisches.

Ei eines Nagelrochens

Eiballen einer Wellhornschnecke

Seltsame Eier
Das Meer spült alle möglichen Eierschalen an den Strand. Vielleicht findest du ja ein besonders interessantes Exemplar.

Im Wasser liegende Steine und Pflanzen soll man liegen lassen, sonst finden die Tiere hier keinen Schutz mehr.

Bastele dir ein Unterwasser-Sichtgerät!
Mit einem solchen Sichtgerät kannst du in einen Felstümpel schauen. Du brauchst dazu:

- ein 30 Zentimeter langes Plastikrohr
- Klarsichtfolie
- wasserfestes Klebeband

Stelle das Plastikrohr auf die Klarsichtfolie und ziehe einen Kreis darum. Bitte einen Erwachsenen, den Kreis auszuschneiden, und befestige ihn mit dem Klebeband am Rohr. Nun kannst du das Leben unter Wasser beobachten.

Rotalge

Diese von Algen lebende Kreiselschnecke hat sich auf einer anderen Schnecke festgesetzt.

Welch ein Unterschied!
Wenn Seeanemonen vom Meerwasser bedeckt sind, sehen sie aus wie Unterwasserblumen. Bei Ebbe dagegen müssen die Tiere alle ihre Tentakel einziehen, weil sie sonst vertrocknen würden. Jetzt ähneln sie Geleeklumpen!

Seetange

Große Algen, die im Meer wachsen, heißen Seetange. Wie alle Pflanzen benötigen sie Sonnenlicht zum Leben. Sie können also nur dort wachsen, wo genug Licht ist. Seetange haben weder Wurzeln, Blüten noch Blätter.

Gute Nacht!
Dieser Seeotter hat sich in Tang eingewickelt. So wird er nicht aufs Meer hinausgetrieben, wenn er schläft.

Farben am Strand
Es gibt grüne, rote und braune Meeresalgen. Grünalgen brauchen viel Licht und wachsen deshalb in den oberen Wasserschichten. Laminarien und andere Braunalgen können auch noch in etwas tieferem, dunklerem Wasser leben.

Zu Hause
Viele Tiere, wie auch dieser Seestern, leben auf und zwischen Seetang.

Luft in den Blasen läßt den Blasentang schwimmen.

Die meisten Tangpflanzen sind glitschig. Der Schleim sorgt dafür, daß der Pflanzenkörper während der Ebbe nicht austrocknet.

Tangfresser
Diese Violetten Seeigel fressen Tang. Wenn es viele von ihnen gibt, können sie ganze Tangwälder abweiden.

Unterwasserwälder
Birntang ist die größte Meerespflanze. Er kann 100 Meter lang werden – so hoch wie ein 15stöckiges Gebäude!

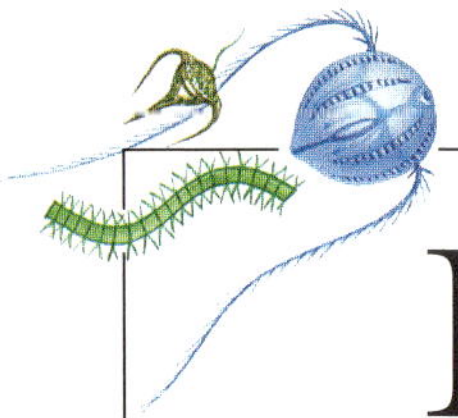

Plankton

Das Meerwasser enthält Milliarden winziger Pflanzen und Tiere, die man als Plankton bezeichnet. Die meisten Plankton-Lebewesen sind kleiner als einen Millimeter, aber ohne sie gäbe es kein Leben im Meer!

Für viele Fische, Wale und sogar Vögel sind sie das Hauptnahrungsmittel. Weil sie so winzig sind, können sie nicht gegen die Meeresströmungen schwimmen und treiben deshalb mit der Strömung.

Die mit feinen empfindlichen Härchen besetzten Fühler helfen dem Ruderfüßer bei der Futtersuche.

Plankton-Tierchen können über hundertmal größer sein als die winzigen Pflanzen, von denen sie sich ernähren.

Phytoplankton ... gefressen von ... Zooplankton ... gefressen von ... Fischen ... gefressen von ... Vögeln.

Winzig klein!
Die als Ruderfüßer bezeichneten kleinen Krebse gehören zu den Plankton-Tierchen. Sie sind so winzig, daß in einem Eimer mit Meerwasser über eine Million von ihnen Platz hätte.

Nahrung für alle
Vögel, Schildkröten und Robben ernähren sich zum Beispiel von Fischen, Muscheln und Schnecken, die Plankton fressen. Sie müßten verhungern, gäbe es im Meer kein Plankton.

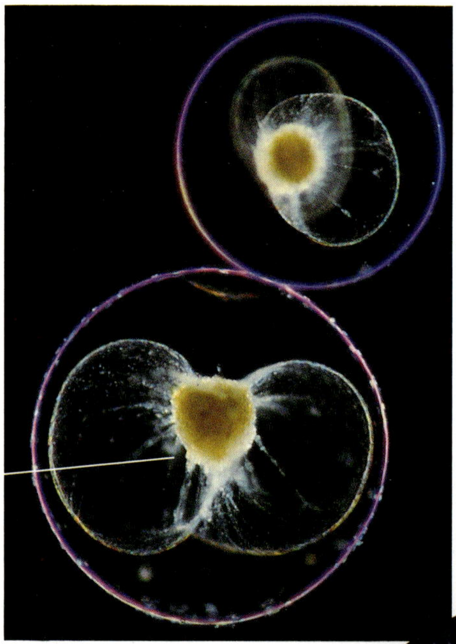

Durch die farblosen Teile dieses pflanzlichen Planktons kann man das dunkle Wasser sehen.

Entwicklung
Einige Lebewesen sind zuerst winzige Plankton-Tierchen und werden dann immer größer.

Krebs

Seestern

Krake

Sonnenanbeter
Wie alle Pflanzen braucht auch pflanzliches Plankton das Sonnenlicht zum Leben.

Es gibt viele verschiedene Arten von Ruderfüßern. Dieses Männchen strahlt leuchtend blau und lockt ein Weibchen an.

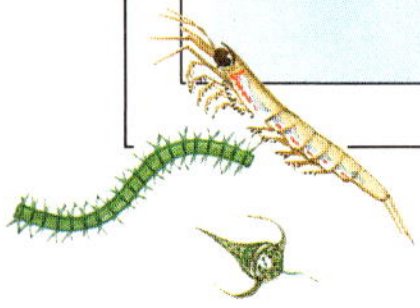

Mit Hilfe dieser Borsten spült der Ruderfüßer Wasser über seine winzigen Kiemen und fängt dabei pflanzliches Plankton.

Unzählige Ruderfußkrebse
Ruderfüßer gehören zu den häufigsten Tieren im Meer.

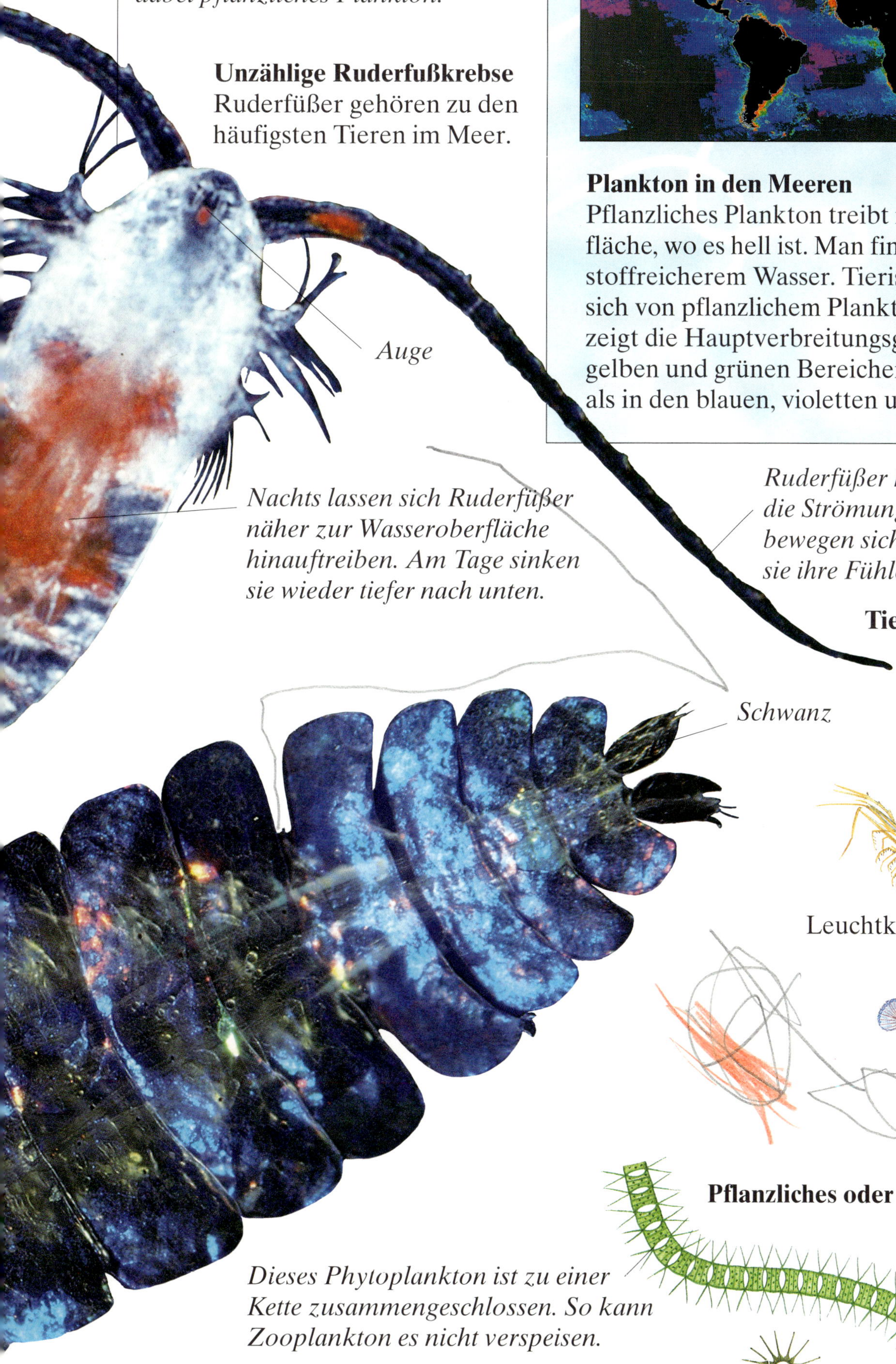

Nachts lassen sich Ruderfüßer näher zur Wasseroberfläche hinauftreiben. Am Tage sinken sie wieder tiefer nach unten.

Ruderfüßer können zwar nicht gegen die Strömung schwimmen, aber sie bewegen sich aus eigener Kraft, indem sie ihre Fühler als Ruder benutzen.

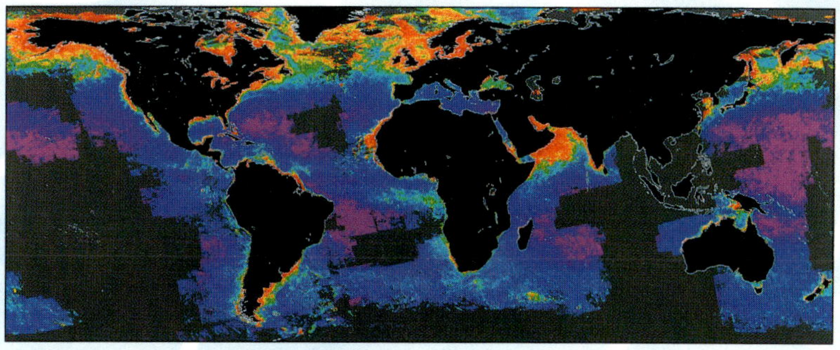

Plankton in den Meeren
Pflanzliches Plankton treibt nahe der Meeresoberfläche, wo es hell ist. Man findet es in kälterem, nährstoffreicherem Wasser. Tierisches Plankton ernährt sich von pflanzlichem Plankton. Diese Weltkarte zeigt die Hauptverbreitungsgebiete. In den roten, gelben und grünen Bereichen gibt es mehr Plankton als in den blauen, violetten und pinkfarbenen.

Tierisches oder Zooplankton

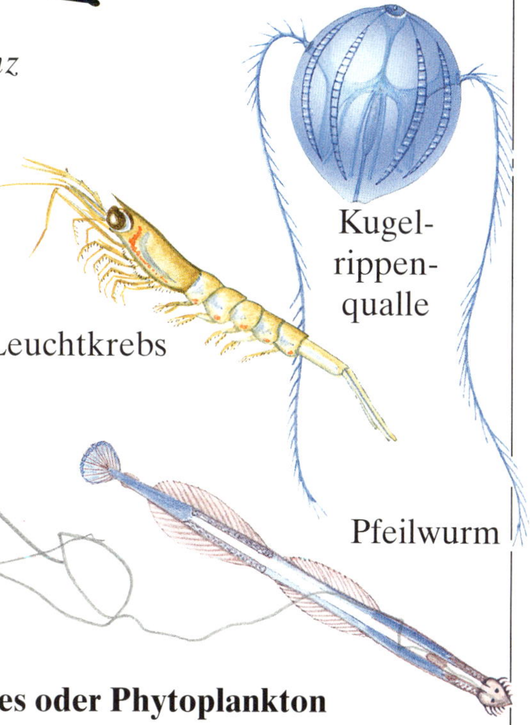

Pflanzliches oder Phytoplankton

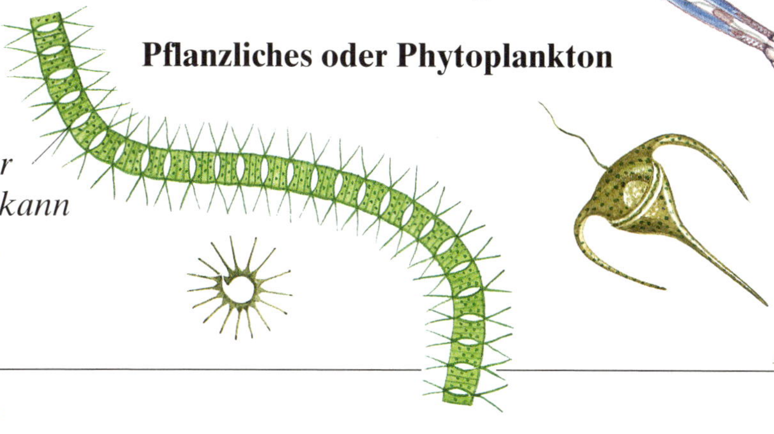

Dieses Phytoplankton ist zu einer Kette zusammengeschlossen. So kann Zooplankton es nicht verspeisen.

Muscheln und Schnecken

Die Schalen, die du am Strand findest, sind leere Wohnungen kleiner Lebewesen, die Weichtiere heißen. Sie brauchen diese Schalen, um vor Seesternen, Krebsen, Fischen und Vögeln geschützt zu sein. Die verbreitetsten Weichtiere sind Schnekken und Muscheln. Schnecken haben meistens ein spiralförmiges Gehäuse, Muscheln zwei abgeflachte Schalenhälften, die ihren weichen Körper einschließen.

Heranwachsen
Anders als die Krebse brauchen Weichtiere nie eine neue Schale. Kleine Weichtiere und Larven wachsen zusammen mit ihrer Schale.

Innenleben
Muscheln und Schnecken haben einen weichen Körper und keine Wirbelsäule. Auch Tintenfische und Kahnfüßer sind Weichtiere!

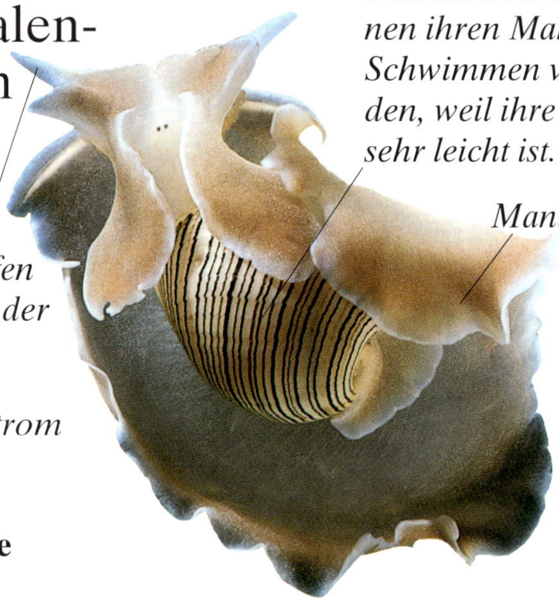

Blasenschnecken können ihren Mantel zum Schwimmen verwenden, weil ihre Schale sehr leicht ist.

Schwimmende Kammuschel
Sie nimmt Wasser auf und preßt es aus ihrem oberen Teil wieder heraus, so kann die Kammmuschel im Meer schwimmen.

Lebendig begraben
Viele Muscheln verbuddeln sich im Sand. Mit dem Fuß graben sie ein Loch und schieben dann Röhren, sogenannte Siphone, ins Wasser. Dadurch saugen sie Wasser ein und nehmen Nahrung auf.

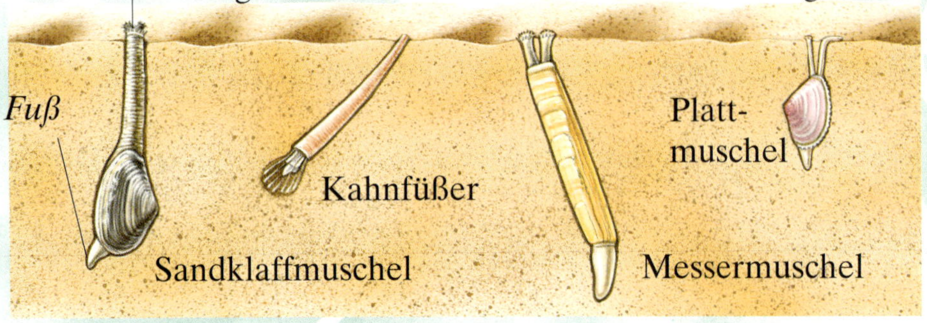

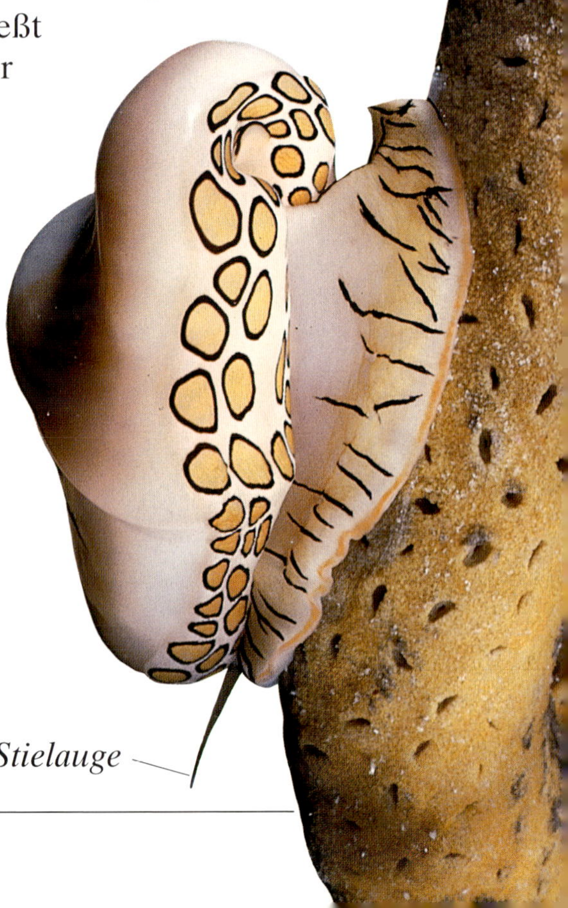

Muschelgigant
Die größte Muschel der Welt ist die Riesenmuschel. Sie ist in warmen Meeren heimisch und mißt über einen Meter. Du hättest zwischen ihren Schalen leicht Platz, aber keine Angst! Sie kann ihre Schalen nur sehr langsam schließen.

Die Gruppe der Schaltiere

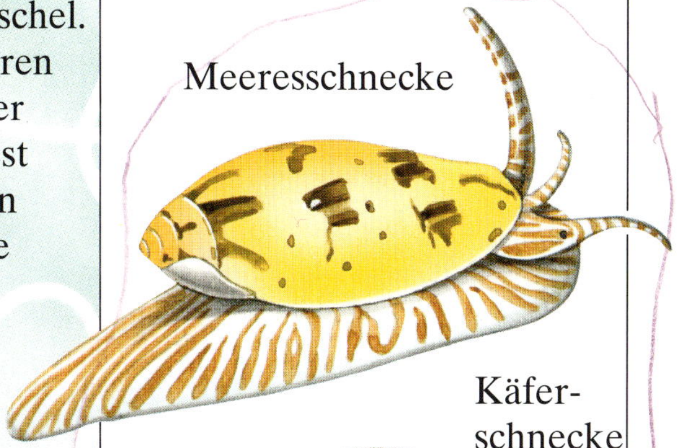

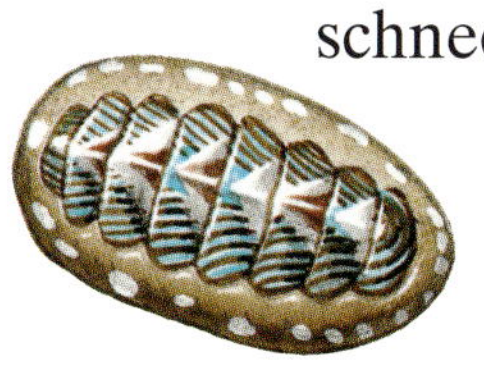

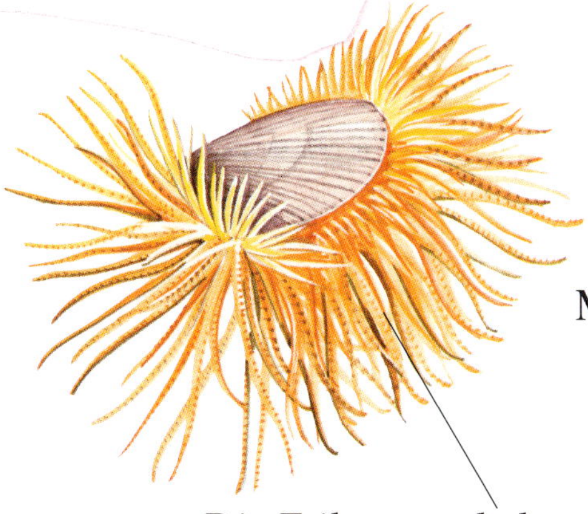

Die Feilenmuschel fängt mit ihren Tentakeln Plankton.

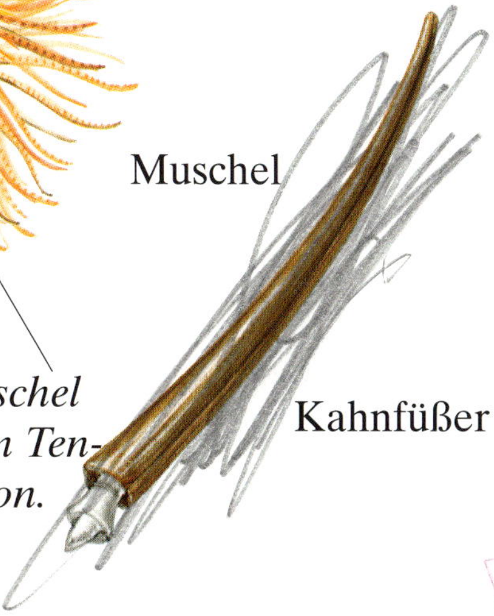

Die weiche, leuchtende Haut bezeichnet man als Mantel. Er kann bei dieser Schneckenart die ganze Schale umhüllen und kleine Beschädigungen beheben.

Wenn Gefahr droht, zieht sich diese Flamingozungenschnecke in ihr Gehäuse zurück. Manche Schnecken brauchen sich nicht zu verbergen. Kegelschnecken zum Beispiel können mit ihrem Giftstachel sogar Menschen töten!

Korallenmahlzeit
Diese beiden Kaurischnecken »zupfen« mit ihrer rauhen Zunge winzige Korallentierchen. Andere Weichtiere leben von Algen, manche sogar von Fischen!

Diese Kaurischnecke hat das gleiche Muster wie die Koralle, auf der sie sitzt. Durch diese Tarnung können hungrige Seesterne sie nicht finden.

Krebse

Was ist das? Es kann von unterschiedlicher Farbe sein, schwimmen oder seitwärts gehen, hat Stielaugen und trägt sein Haus mit sich herum. Es ist ein Krebs! Diese Tiere leben im tiefen Ozean ebenso wie am Strand.

Krebsgesicht

Mit ihren vier rückwärtigen Beinpaaren können Krebse auch seitwärts laufen.

Die starken Scheren dienen zur Verteidigung und zum Zerlegen von Fischen, Weichtieren und Pflanzen.

Unter diesem Dorn befinden sich zwei als Antennen bezeichnete Fühler. Mit den Flimmerhärchen an diesen Antennen fühlt, riecht und schmeckt der Krebs.

Hier siehst du den stachligen Panzer des Meerspinnenkrebses.

Wenn ein Krebs zu groß für seinen Panzer wird, wirft er ihn ab. Darunter ist ein neuer, weicher und dehnbarer herangewachsen. Es kann drei Tage dauern, bis der neue Panzer hart wird.

Die Beine des Krebses wachsen nach, wenn sie abgebrochen werden.

Krebse atmen durch fünf Kiemenpaare, die sich innerhalb des Panzers an den Beinwurzeln befinden.

Gelenk

Krebsfresser
Fische, Vögel, Tintenfische, Robben, aber auch wir Menschen haben Krebse zum Fressen gern.

Strandkrabbe

Schwimm-
krabbe

Dieser seltsame Krebs hat einen warzigen Panzer.

Die Scheren des Hummers sind so stark, daß er dir damit einen Finger abkneifen könnte.

Seeanemone

Einsiedlerkrebs

Fühler

Freunde fürs Leben

Der Einsiedlerkrebs lebt in alten Schneckenhäusern. Eine Seeanemone hat sich die Schale auch als Wohnstatt ausgesucht. Sie lebt von den Speiseresten, die der Krebs übrigläßt, und wehrt Feinde ab.

Krustentiere

Die Krebse gehören zu den Krustentieren oder Krustazeen. Sie haben einen Panzer, zwei Antennenpaare und mindestens fünf Paar Beine. Es gibt über 25 000 Arten von Krebsen. Hier sind ein paar von den bekanntesten zu sehen:

Meeresassel

Garnele

Entenmuschel, ein Rankenfußkrebs

Hummer

Taschenkrebs

Furchenkrebs

Erbsenkrabbe (natürliche Größe)

Schere der Japanischen Riesenkrabbe (halbe natürliche Größe)

Klein und Groß

Viele Krebse werden etwa 15 Zentimeter groß, manche noch viel größer oder kleiner. Japanische Riesenkrabben können, ihre Scheren eingerechnet, fast drei Meter lang werden, während die Erbsenkrabbe nur so groß wie eine Erbse wird!

Seesterne

Seesterne gehören zu den Stachelhäutern. Sie können zwar nicht schwimmen, dafür aber um so besser kriechen. So können sie an Meerespflanzen und an Steinen und Felsen umherklettern. Selbst in den dunkelsten Tiefen des Ozeans sind diese Tiere anzutreffen.

Dieser leuchtendrote Seestern hat wie die meisten seiner Artgenossen einen Durchmesser von unter 20 Zentimetern. Es gibt al auch Arten, die so breit si wie ein kleines Auto.

Seesterne haben nur einfach gebaute Augen und an den Spitzen ihrer Arme lichtempfindliche Zellen. Damit können die Tiere zwar keine Formen erkennen, aber hell und dunkel unterscheiden.

Diese Ausbuchtungen werden von Kalkplatten gebildet.

Die Arme des Seesterns sind sehr beweglich, denn das Skelett besteht aus vielen kleinen Kalkplatten, die sich in jede Richtung bewegen können.

Zentralscheibe

Seesterne atmen durch die Füße und durch winzige Öffnungen am ganzen Körper.

Kammstern

Polsterstern

Gemeiner Seestern

Verdauungskünstler
Viele Seesterne ernähren sich von Muscheln. Sie öffnen sie mit ihren Füßen, stülpen ihren Magen zwischen die Schalenhälften und verdauen dann langsam die Beute.

Gemeiner Seeigel

Griffelseeigel

Gänsefuß-Seestern

Einige Seesterne haben mehr als fünf Arme. Dieser Sonnenstern hat zwölf!

Seeigel
Die Seeigel sind eng mit den Seesternen verwandt. Mit ihren langen Stacheln, die auch Gift enthalten können, sehen manche so ähnlich aus wie Igel.

Armlos
Diesem Seestern wachsen gerade zwei neue Arme. Die alten hat ihm ein Fisch abgebissen! Solange die Zentralscheibe und wenigstens ein Arm vorhanden sind, kann ein Seestern überleben.

Neuer Arm

Stachelhäuter
Es gibt mehr als 6000 verschiedene Arten von Stachelhäutern, die in fünf Hauptgruppen eingeteilt werden.

Seestern

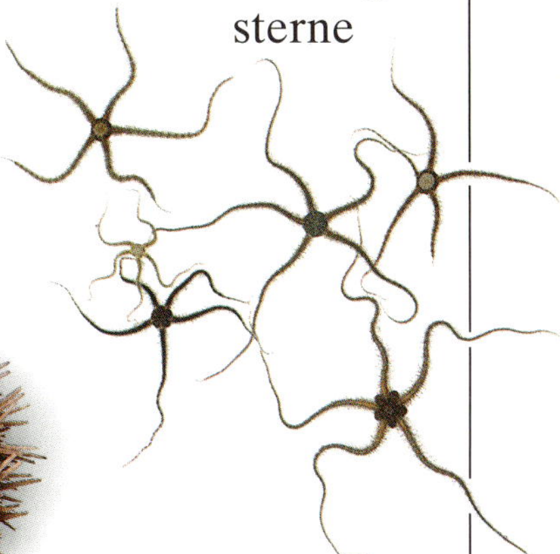

Schlangensterne

Röhrenfüßchen

Jedes dieser Röhrenfüßchen ist am Ende mit einem Saugnapf versehen.

ie meisten eesterne haben inf Arme.

Mund

Gerät ein Seestern auf die falsche Seite, dreht er sich mit den Armen wieder um.

Oben oder unten?
Es ist leicht zu erkennen, auf welcher Seite ein Seestern oder Seeigel liegt, denn der Mund dieser Tiere ist immer auf der Unterseite.

Seeigel

Seelilie

Seegurke

Tintenfische

Wußtest du, daß die Tintenfische mit den Schnecken verwandt sind? Doch im Gegensatz zu den meisten anderen Weichtieren fehlt fast allen eine äußere Schale. Deshalb ziehen sich manche dieser Tiere in Felsspalten oder -löcher zurück. Hat sich ein Krake zum Beispiel auf diese Weise versteckt, ist es für seine Feinde schwierig, ihn aufzuspüren.

Eiertraube
In jedem dieser weichschaligen Eier befindet sich ein kleines Krakenbaby.

Auf Futterjagd!
Die Kraken jagen vor allem Fische, Seesterne und Krebse. Einige Arten haben Häute zwischen den Armen. Damit fangen sie ihre Beute wie mit einem Netz.

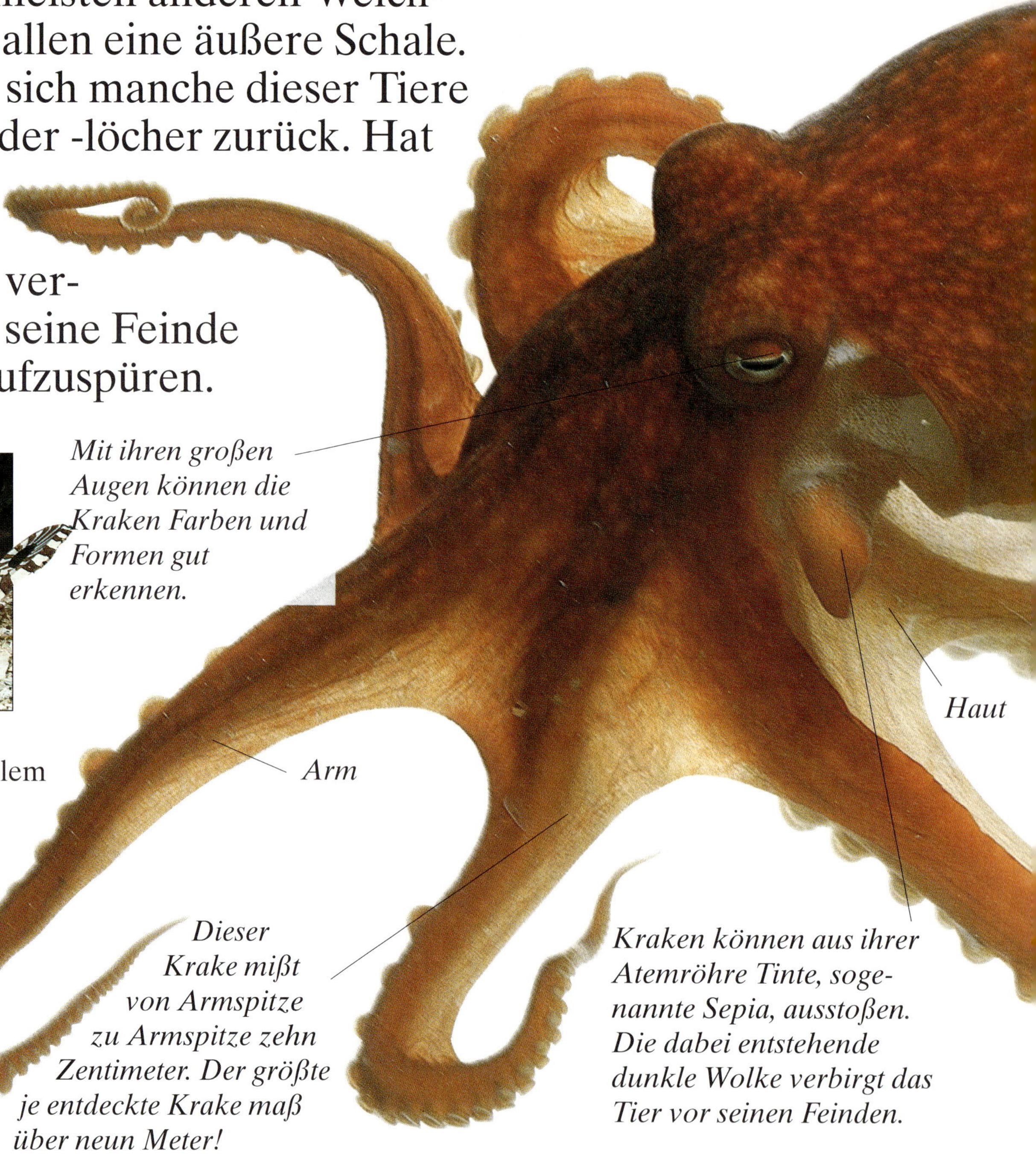

Mit ihren großen Augen können die Kraken Farben und Formen gut erkennen.

Dieser Krake mißt von Armspitze zu Armspitze zehn Zentimeter. Der größte je entdeckte Krake maß über neun Meter!

Kraken können aus ihrer Atemröhre Tinte, sogenannte Sepia, ausstoßen. Die dabei entstehende dunkle Wolke verbirgt das Tier vor seinen Feinden.

Düsenantrieb
Wenn einem Tintenfisch Gefahr droht, kriecht er nicht etwa langsam weg – er saust vielmehr davon! Indem er einen Wasserstrahl durch seinen Trichter preßt, kann er blitzschnell davonschwimmen.

Saugnäpfe

Seine Saugnäpfe, die in Reihen angeordnet sind, ermöglichen es dem Tintenfisch, an Felsen zu kriechen, seine Nahrung zu ergreifen und festzuhalten und sich am Meeresboden fortzubewegen.

Ein Krake kann in weniger als einer Sekunde seine Farbe wechseln.

Der weiche Körper des Tintenfischs ist wie ein großer dehnbarer Mantel. In diesen Mantel wird Wasser eingesogen, es überspült die Kiemen und entweicht dann durch die Ausströmöffnung, die man als Trichter bezeichnet.

Saugnapf

Kampf der Giganten

Es wird behauptet, daß riesige Kraken sogar Menschen verschlungen haben sollen, aber das ist nicht wahr. Diese Geschichten beziehen sich wohl auf den Riesenkalmar, der bis zu 20 Meter lang werden kann. Angeblich sollen diese Kraken mit Pottwalen kämpfen!

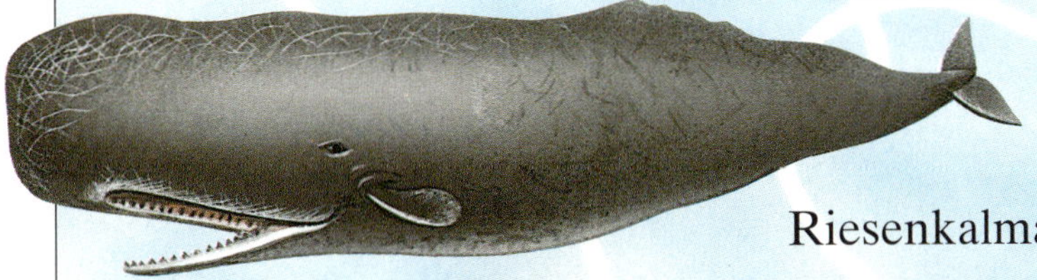

Pottwal

Riesenkalmar

Die Familie der Kopffüßer

Die Tintenfische werden auch Kopffüßer genannt. Diese im Meer lebenden Weichtiere sind mit Greifarmen ausgestattet.

Gemeiner Tintenfisch (Sepia)

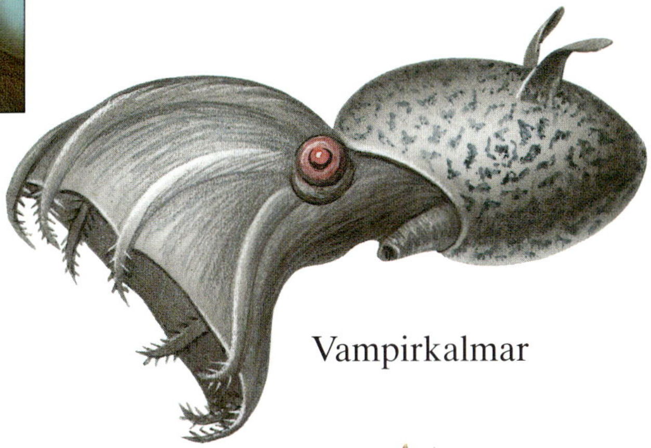

Vampirkalmar

Kalmar

Nautilus

Krake

Fische

Fischeier
Die meisten Fische legen Eier, das nennt man laichen. Manche Fische bewachen ihren Laich und sogar ihre Brut. Andere spritzen die Eier einfach ins Meer.

Alle Lebewesen brauchen Sauerstoff zum Leben. Er ist in der Luft und im Wasser enthalten. Du atmest die Luft mit den Lungen ein. Unter Wasser mußt du entweder den Atem anhalten oder einen Schnorchel benutzen. Fische entnehmen den Sauerstoff dem Wasser.

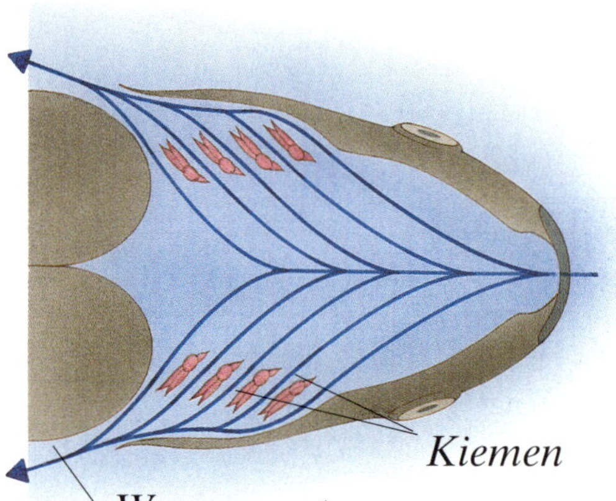

Atmen unter Wasser
Das Wasser, das der Fisch mit dem Maul aufnimmt, strömt über die Kiemen und tritt durch die Kiemenöffnungen wieder aus. Dabei wird dem Wasser Sauerstoff entnommen.

Fische haben keine Augenlider. Das Meerwasser hält ihre Augen ständig feucht und reinigt sie auch.

Hinter diesem Kiemendeckel befinden sich vier Kiemen.

Die Brust- und Bauchflossen gestatten es dem Fisch, sich auf- und abwärts, nach rechts und links zu bewegen.

Die Knochenfische haben einen »Ballon« im Bauch, die sogenannte Schwimmblase. Sie ist mit Gas gefüllt und ermöglicht es den Tieren, beim Schwimmen aufzusteigen und abzusinken.

Innenleben
Die meisten wichtigen Organe des Knochenfisches liegen im Bauch. Die obere Hälfte besteht aus Muskelschichten, die den Schwanz bewegen.

Die Familie der Fische

Es gibt zwei große Gruppen von Fischen. Zur einen gehören Fische mit Knochenskelett, zur anderen die mit Knorpelskelett. Obwohl sie fischartig aussehen, sind kieferlose Wirbeltiere keine Fische.

Knochiger Rücken

Wie alle anderen Wirbeltiere haben auch die Fische ein Skelett mit einer Wirbelsäule.

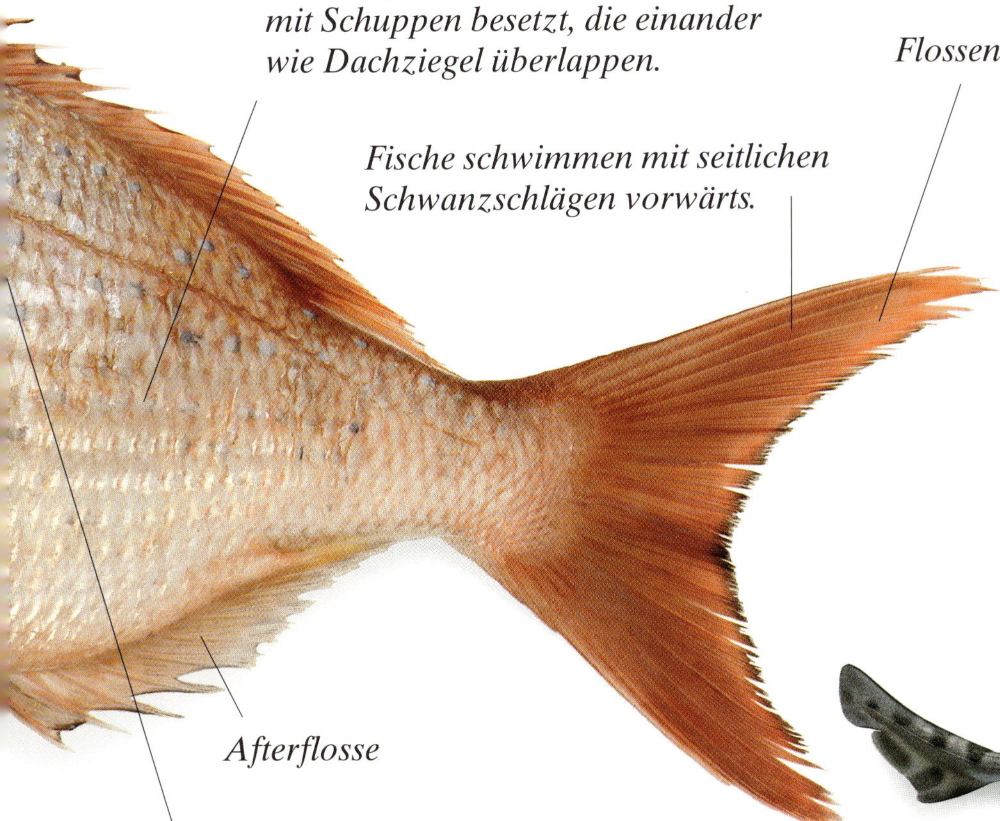

Der Körper dieser Meerbrasse ist mit Schuppen besetzt, die einander wie Dachziegel überlappen.

Fische schwimmen mit seitlichen Schwanzschlägen vorwärts.

Die Rücken- und die Afterflosse sorgen dafür, daß der Fisch im Wasser seitlich nicht umkippt.

Fische haben direkt unter der Haut eine lange, dünne Röhre, die als Seitenlinie bezeichnet wird. Gleich daneben befinden sich kleine Gallertklumpen, an deren Vibrationen der Fisch spürt, wenn sich im Wasser etwas bewegt.

Knochenfische

Makrele

Seepferdchen

Scholle

Knorpelfische

Gefleckter Leopard-Hai

Kieferlose Wirbeltiere

Neunauge

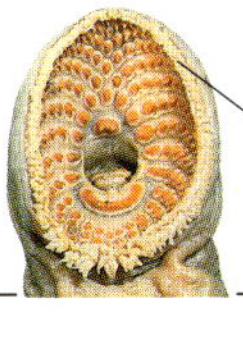

Ein Neunauge hat einen kieferlosen Saugmund.

Seltsame Fische

In den 450 Millionen Jahren, seit Fische in den Meeren umherschwimmen, haben sie sich unterschiedlichsten Bedingungen anpassen können. Viele haben einen stromlinienförmigen Körper und können sehr schnell schwimmen, andere spitze Stacheln, mit denen sie Feinde fernhalten, und wieder andere können sich in Form und Farbe der Umgebung angleichen.

Die kleinsten Fische
Einige Zwerggrundeln sind nur neun bis zehn Millimeter lang. Ein solcher Fisch hätte ohne weiteres auf deiner Fingerspitze Platz.

Der größte Fisch
Ein Wal-Hai wiegt mehr als drei Elefanten und ist länger als fünf Autos!

Fischfutter
Die verschiedenen Fische nehmen auch unterschiedliche Nahrung zu sich. Für die Beschaffung ihres Futters wenden manche Fische Fangtechniken an, die uns höchst seltsam erscheinen.

Dieser Kieferfisch kann seinen Kiefer ausfahren und fängt damit kleine Fische und Garnelen.

Der wunderschöne Pinzettfisch schiebt sein langes dünnes Maul in Felsspalten und saugt Würmer daraus hervor.

Der Papagei-Fisch ernährt sich von steinharten Korallen. Mit seinen kräftigen Lippen bricht er die Korallen ab und zermalmt sie mit seinen flachen Zähnen in kleine Stücke.

Regenbogenfarben

Genau wie die Mannschaften bei einem Fußballturnier tragen manche Fische buntleuchtende »Trikots«, an denen sie sich im Schwarm wiedererkennen.

Dieses eigenartige Geschöpf ist ein Röhrenmaul. Große Raubfische halten diesen Artgenossen für eine Meerespflanze und lassen ihn deshalb in Ruhe.

Der Igelfisch verjagt seine Feinde, indem er Wasser schluckt und sich wie ein Ballon aufbläst!

Seltsam und wunderschön

Manche Fische sehen gar nicht so aus, wie man sich Fische vorstellt. Ihre ungewöhnliche Gestalt dient ihnen als Tarnung oder zur Abschreckung größerer Fische.

Die langen fächerartigen Flossen und die Körperstreifen des Rotfeuerfisches signalisieren anderen Tieren, daß seine Stacheln giftig sind.

Auferstanden

Im Jahre 1938 wurde ein Quastenflosser gefangen. Bis dahin hatte man geglaubt, daß diese Art bereits vor 90 Millionen Jahren ausgestorben sei.

Haie

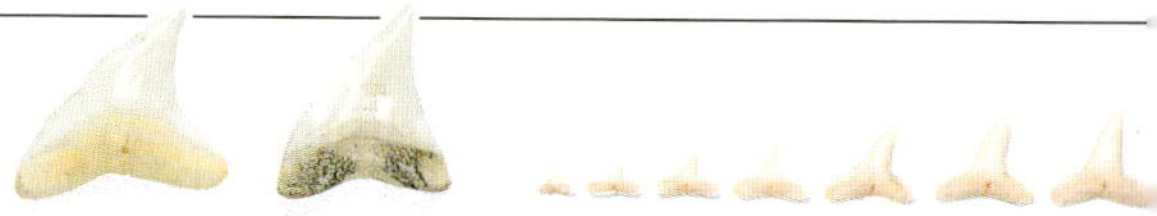

Messerscharfe Zähne
Die Zähne des Hais können Haut durchschneiden und Knochen zermalmen, aber jeder Zahn hält nur einige Wochen, dann fällt er aus und wird ersetzt. Riesenhaie fressen Plankton und brauchen keine Zähne.

Haie sind die großen Jäger des Meeres. Mit ihren furchterregenden Zähnen können sie ihre Beute in Stücke reißen! Tiger-Haie und Große Weiße Haie greifen auch Menschen an, aber die meisten Haie schwimmen schnell vor uns davon.

Schau nur, wie groß dieses Gebiß ist!

Haie sind Meister im Riechen. So können sie verletzte Tiere und andere Beute aus Hunderten von Metern Entfernung aufspüren.

Alle Tiere erzeugen etwas Elektrizität. Du kannst sie zwar nicht spüren, aber Haie können das. Sie haben am Kopf kleine Grübchen, die wie Antennen reagieren und ihnen verraten, wo sich andere Tiere verbergen.

Durch je fünf Kiemenspalten auf beiden Seiten des Kopfes strömt Wasser in die Kiemen.

Superschwimmer
Haie schwimmen, indem sie sich seitlich hin- und herbewegen. Zunächst bewegen sie den Kopf, dann den Körper und schließlich ihren Schwanz. Diese wellenförmige Bewegung treibt den Hai durch das Wasser.

Vorsicht: Hai greift an!
Kurz bevor er zuschnappt, zieht der Hai seine Nase aufwärts und fletscht die Zähne.

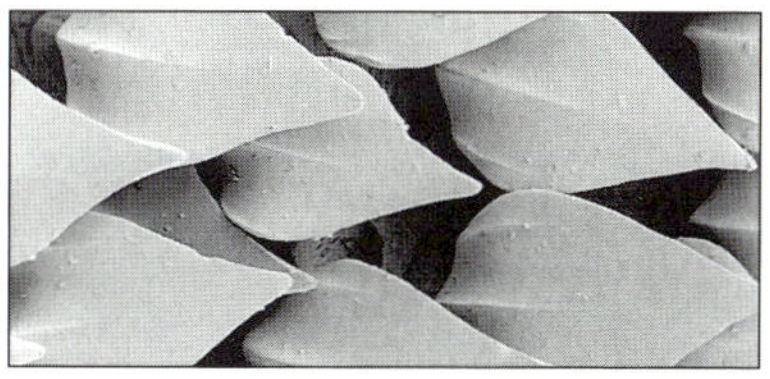

Die Haut eines Hais aus der Nähe betrachtet

Vorsicht rauh!
Die Haut des Hais fühlt sich an wie grobes Sandpapier.

Hai-Parade
Nicht alle Haie sehen so aus wie die aus Film und Fernsehen bekannten. Einige sind sehr klein, andere haben eine eigenartige Körperform.

Wie die meisten Haie hat auch dieser Glatthai eine zweite Rückenflosse.

Die Schwanzflosse des Hais ist oben größer als unten. Durch diese seltsame Form wird das Tier beim Schwimmen aufrecht gehalten.

Kleiner Leuchthai

Hammerhai

Stachelhai

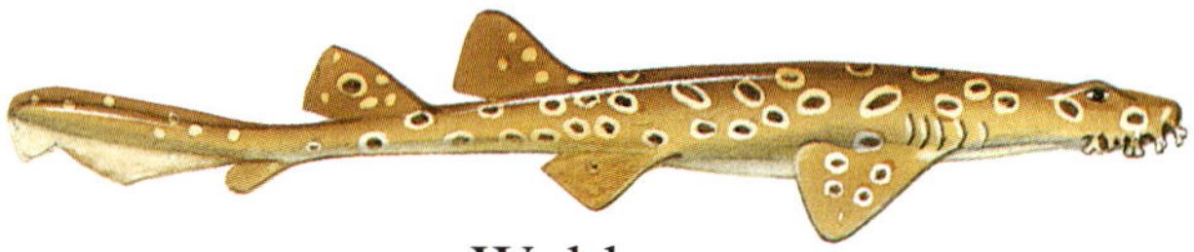

Wobbegong (Australischer Ammenhai)

Großer Weißer Hai

Einige Große Weiße Haie sind acht Meter lang.

Untergehen oder schwimmen
Wie alle Fische sind Haie schwerer als Wasser, so daß sie eigentlich absinken müßten. Knochenfische haben deshalb aufblasbare Schwimmblasen, Haie statt dessen eine ölhaltige Leber. Das Öl wirkt wie eine Schwimmblase. Die Leber eines Riesenhais enthält so viel Öl, daß sich damit fünf Eimer füllen ließen!

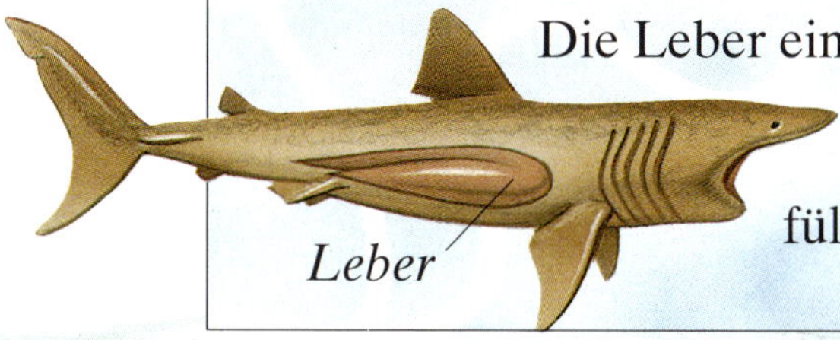

Rochen

Rochen sind weitverbreitete Meeresfische. Einige sehen ihren Verwandten, den Haien, ähnlich, aber die meisten haben einen platten, trapezförmigen Körper. Manche dieser scheuen Tiere gleiten mit eleganten Schwimmbewegungen durchs Wasser, andere liegen die meiste Zeit auf dem Meeresgrund.

Diese spitzen Stacheln schützen den Rochen. Stachelrochen haben außerdem einen sehr langen Giftstachel, mit dem sie ihre Feinde stechen.

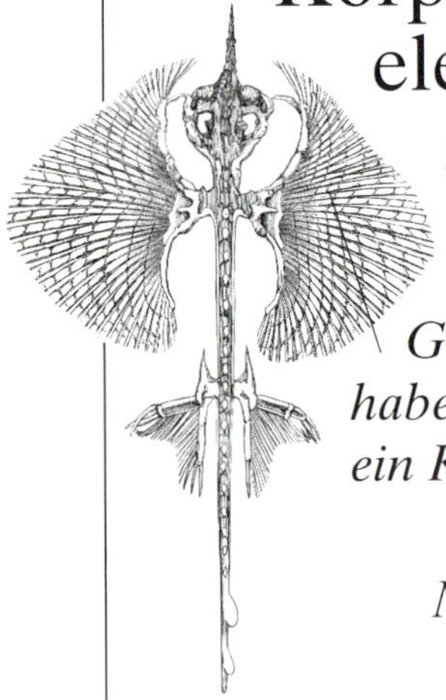

Genau wie die Haie haben auch die Rochen ein Knorpelskelett.

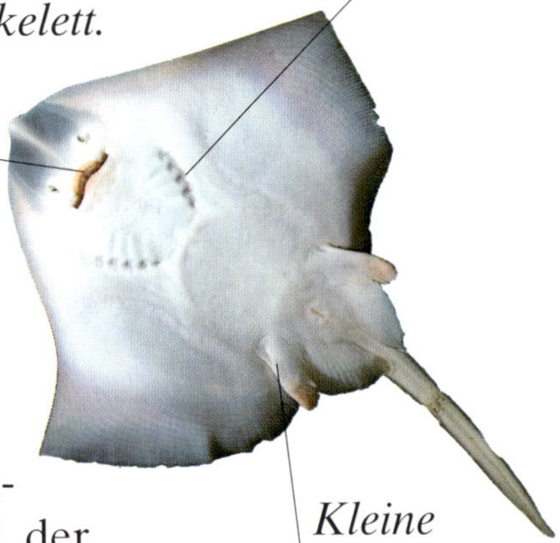

Alle Rochen haben hinter den Augen ein winziges Atemloch. Durch dieses Spritzloch kann sauberes Wasser in die Kiemen eindringen, wenn der Rochen auf dem Meeresgrund liegt und seine Kiemenspalten blockiert sind.

Bauchmäuler
Auf der Bauchseite des Rochens befinden sich zehn Kiemenspalten und der Mund, der mit pflasterartigen Zähnen ausgestattet ist.

Teufelsrochen oder Manta
Die meisten Rochen haben Durchmesser von unter zwei Metern, aber der Manta kann über acht Meter breit werden. Taucher haben Glück, daß sich das Tier nur von Plankton und kleinen Fischen ernährt.

Durch Flossenschlagen wirbeln die Rochen den Sand hoch und spüren auf diese Weise Krebse auf, um sie zu verspeisen.

Unterwasserflug
Der Rochen ist einer der elegantesten Meeresschwimmer. Wenn er mit den Flossen schlägt, »fliegt« er dahin, einem riesigen Unterwasservogel vergleichbar.

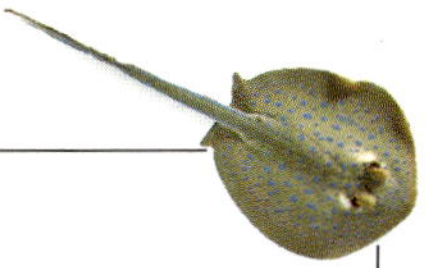

Zitterrochen

Der Zitterrochen hat Muskeln, die wie Batterien wirken. Er kann einen Fisch mit Hilfe dieser Muskeln, die mehr als 200 Volt elektrische Spannung erzeugen können, töten. Diese elektrischen Schläge könnten sogar einen Menschen kurzfristig außer Gefecht setzen.

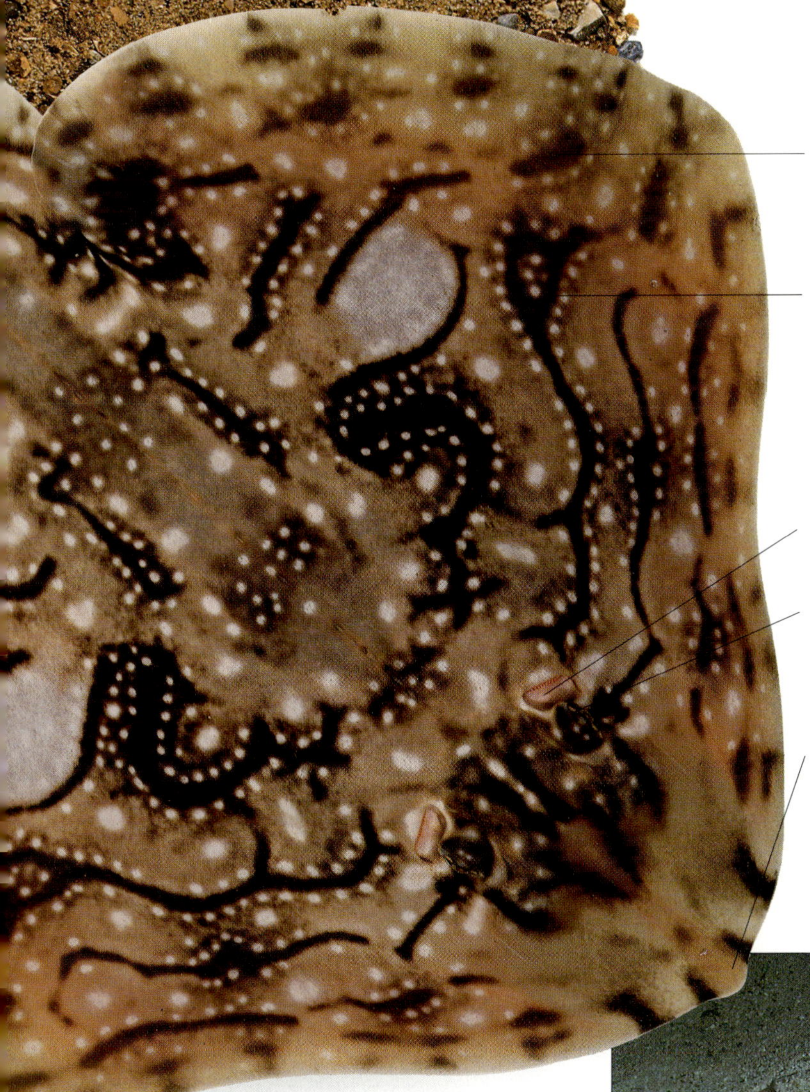

Bei allen Rochen gehen die Brustflossen direkt in den Kopf über.

Diese Wirbelmuster tarnen den Rochen auf dem Meeresgrund.

Spritzloch

Auge

Rochen haben einen hochentwickelten Geruchssinn.

Artenvielfalt

Es gibt über 450 Arten von Rochen, von denen die Hälfte zu den Echten Rochen gehört.

Sägefisch

Geigenrochen

Bandrochen

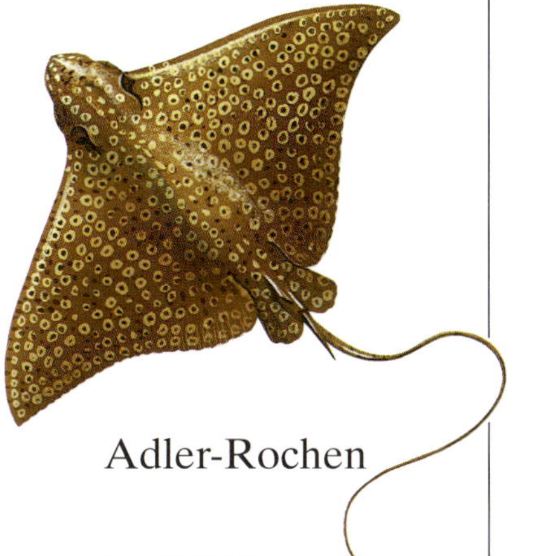

Adler-Rochen

Stachelrochen

Auf der Lauer

Wenn Rochen sich im Sand verbergen, bleiben nur ihre großen vorstehenden Augen frei. So halten sie nach Futter Ausschau – aber auch nach Haien, die Rochen fressen.

Korallenriffe

Korallenriffe erinnern an wundervolle Unterwassergärten. Sie bestehen aus Millionen von Korallentieren. Diese mit Tentakeln ausgestatteten Tiere leben in riesigen Ansammlungen oder Kolonien. Die Korallen bauen winzige, kalkige Gehäuse. Wenn sie sterben, bleibt ihr Steinhaus zurück, und andere Korallen errichten darauf eigene Gehäuse. Im Laufe vieler Jahre entstehen allmählich große Gebilde, die Riffe genannt werden.

Ein wachsender »Fels«
Korallen wachsen ungefähr mit der gleichen Geschwindigkeit wie deine Fingernägel. Dieses Stück hat sicher eine Weile gebraucht, bis es so groß geworden ist.

Keine Panik!
Diese Anemonenfische können unbehelligt zwischen den Tentakeln der Seeanemonen umherschwimmen, da diese Tiere sie mit ihrem Giftstachel nicht angreifen.

Geburt einer Insel
Aus Korallenriffen können mit der Zeit Inseln entstehen, die Atolle genannt werden.

Korallenriff

Korallen beherbergen kleine Algen, die ihnen Nahrung liefern.

Korallen vermehren sich auf zwei Arten. Sie legen Eier, die im Ozean treiben, oder es wachsen aus den Tieren Knospen hervor wie bei Pflanzen.

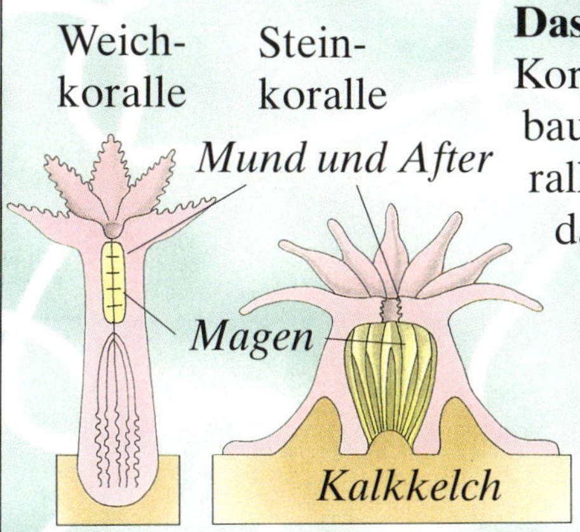

Das lebende Tier
Korallen, die Gehäuse bauen, heißen Steinkorallen. Diejenigen, die das nicht tun, nennt man Weichkorallen. Die meisten dieser planktonfressenden Lebewesen sind kaum größer als eine Nadelspitze.

Die Korallenfamilie

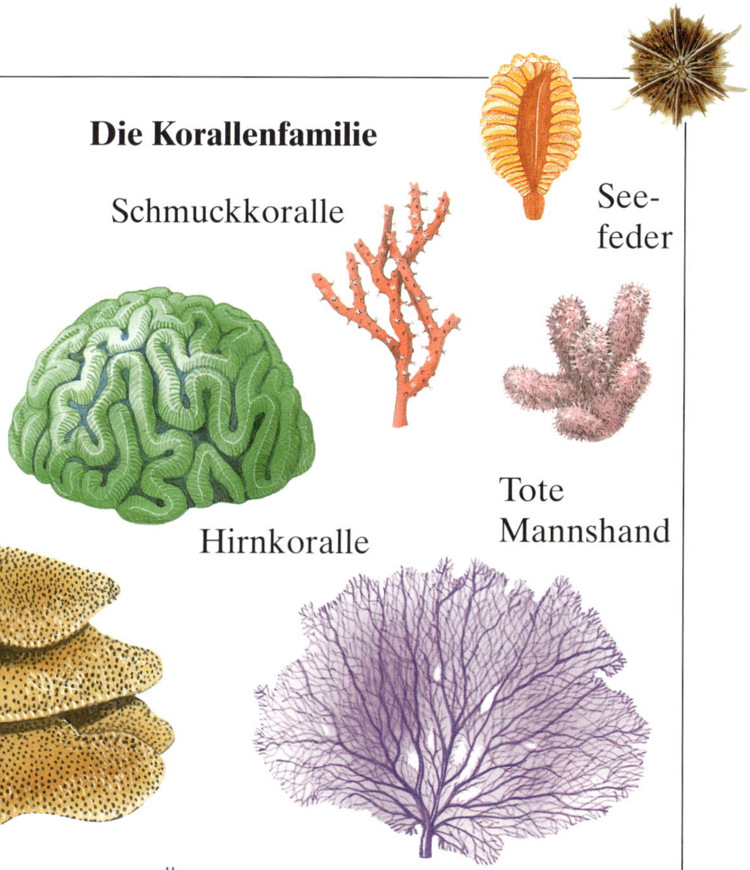
Schmuckkoralle
Seefeder
Hirnkoralle
Tote Mannshand
Fächerkoralle

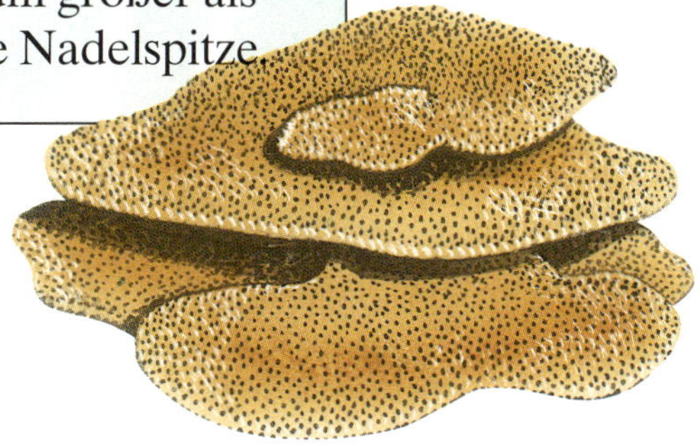
Plattenkoralle

Futterzeit!
Während des Tages verbergen sich die Steinkorallen in ihren Steingehäusen, aber in der Nacht »fischen« sie mit ihren winzigen, mit Giftkapseln besetzten Tentakeln nach Nahrung.

Weichkorallen findet man in fast allen Farben – Rot, Blau oder Gelb. Sie bilden kein Gehäuse und bauen daher auch kein Riff.

Hartkoralle

Tarnen und Warnen

Das Leben im Ozean birgt auch Gefahren. Dort lauern hungrige Haie, Robben und Mörderwale. Aber was können kleine wehrlose Tiere tun, damit sie nicht gefressen werden? Einige schwimmen rasch weg, andere ändern ihr Aussehen oder verstecken sich. In der gefahrvollen Unterwasserwelt muß man viele Tricks auf Lager haben, wenn man nicht gefressen werden will.

Seltsame Wesen
Diese Seeigel haben Steine und Schalenstücke auf ihre spitzen Stacheln gespießt. Sie sehen jetzt aus wie Steinhaufen und sind schwerer zu finden.

Was ist Tarnung?
Dieser Junge trägt Farben, die mit dem Hintergrund übereinstimmen, deshalb ist er schwer zu erkennen – also getarnt. Die roten Kleider des Mädchens dagegen heben sich ganz deutlich vom dunklen Hintergrund ab.

Schnell verstecken!
Wenn du nicht mehr weglaufen kannst, versteckst du dich. Das tut auch dieser Spiegelfleck-Lippfisch.

Mit ihren leuchtenden Farben erschrecken Meeresnacktschnecken größere Fische.

Wir sind ungenießbar!
Manche Tiere wollen gesehen werden. Ihr leuchtendbunter Körper signalisiert etwaigen Feinden: Vorsicht, ich bin giftig!

Dieser Tintenfisch hat blaue Kreise auf dem Körper. Wenn er gestört wird, leuchten sie wie Neonlicht. Freßfeinde erkennen daran, daß der Tintenfisch giftig ist.

Wo bin ich?
Viele Tiere sind so perfekt getarnt, daß sie kaum zu sehen sind. Einige können sogar die Farbe ihrer Haut verändern.

Blaue Wirbel

Plattfische werden von größeren Fischen sehr gern gefressen. Diese Flunder kann auf ihrer Haut solche Muster erscheinen lassen, daß sie wie der Untergrund aussieht.

Diese Mandarinfische erscheinen hier zwar sehr farbenprächtig. Wenn sie aber im sonnenbeschienenen, wellenbewegten Meer umherschwimmen, sind sie von unten kaum zu erkennen.

Meeresalge

Kannst du diese Seenadel erkennen? Ihr langer, dünner Körper ist kaum von den Algen zu unterscheiden, zwischen denen sie lebt.

Was für ein Tier ist das?
Diese Tiere sehen aus wie Steine oder Meerespflanzen. Da sie von ihrer Umgebung kaum zu unterscheiden sind, wird sie vielleicht auch kein Feind entdecken!

Auge

Der gedrungene Körper der Steinfische sieht aus wie ein Stein. Die Stacheln dieser Fische haben aber ein tödliches Gift!

Maul

Dieser Krebs hat seine Beine unter den Panzer gezogen. Wenn er Glück hat, sehen ihn seine Feinde nicht.

Wale

Vor vielen Millionen Jahren waren die Wale auf dem Land lebende Säugetiere. Mit der Zeit haben sie sich immer mehr verändert: Sie sind größer geworden, ihre Hinterbeine sind verschwunden, und ihre Vorderbeine haben sich in Flossen verwandelt. Heute können sie nicht mehr an Land leben, aber als Säugetiere stillen sie ihre Jungen und brauchen Luft zum Atmen. Es gibt zwei Gruppen: Zahnwale und Bartenwale.

Krill gefällig?
Bartenwale leben von planktischen Krebsen, Krill genannt. Ein großer Wal vertilgt am Tag zwei Tonnen davon.

Der Wal treibt sich durch Auf- und Abwärtsbewegungen der Schwanzflosse durch die See. Der schnellste Wal ist der Seiwal. Er erreicht eine Höchstgeschwindigkeit von bis zu 50 Kilometern in der Stunde. Er schwimmt also zehnmal schneller als ein Mensch.

Kein Meerestier hat so lange Flossen wie der Buckelwal – mit fast fünf Metern sind sie so lang, wie eine Giraffe hoch ist.

Wale haben eine dicke Fettschicht, die man als Tran bezeichnet.

Fontäne
Wenn ein Wal auftaucht, um seine Lungen mit frischer Luft zu füllen, atmet er vorher aus seinem Atemloch warme Luft aus. Genau wie dein Atem an einem kalten Tag bildet auch diese Luft Nebel, den der Wal wie eine Fontäne ausbläst.

Tiefe Halsfurchen machen das Maul des Bartenwals dehnbar, so daß dort große Mengen Seewasser und Krill Platz haben.

Luftsprünge
Buckelwale springen oft in hohem Bogen aus dem Wasser. Wenn ihr Körper zurückplatscht, spritzt das Wasser schäumend auf!

Weit geöffnet
Bis zu vier Meter lange Hornplatten oder Barten hängen am Oberkiefer des Bartenwals. Durch diesen Vorhang entweicht das Wasser, aber der Krill bleibt im Maul.

Auge

Waljunges oder -kalb

Das Nasenloch des Wals heißt auch Atemloch. Wenn ein Wal schläft, treibt er an der Oberfläche dahin, damit sein Atemloch über Wasser bleibt.

Buckelwale stöhnen, ächzen, seufzen, quieken und brüllen. Die seltsamen Gesänge der Wale sind sehr laut – kein anderes Tier kann so laute Töne abgeben.

Maul

Riesentiere
Blauwale können 33 Meter lang werden! Sie sind größer als ein Dinosaurier.

Tyrannosaurus

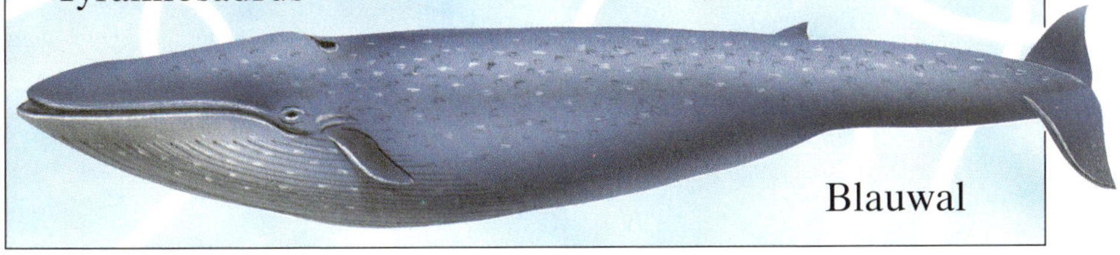

Blauwal

Bartenwale

Grauwal

Minkwal

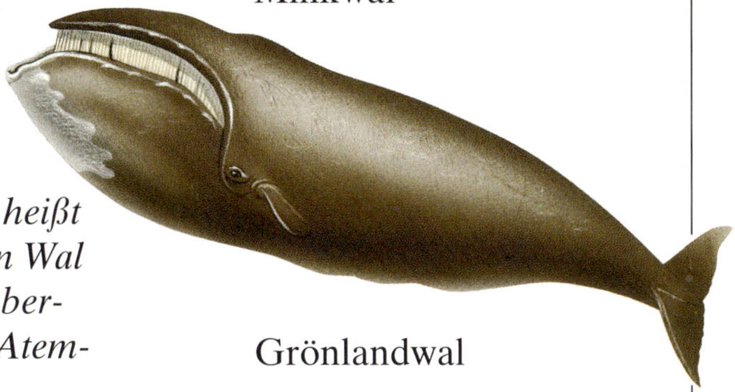

Grönlandwal

Zahnwale

Beluga- oder Weißwal

Narwal

Pottwal

Delphine

Delphine sind kleine Zahnwale und gelten als hochintelligent. Diese glatthäutigen Säugetiere lernen schnell, und sie geben Pfeif-, Klick- und Grunzlaute ab, mit denen sie sich untereinander zu verständigen scheinen. Schon seit uralter Zeit mögen die Menschen diese verspielten Tiere. Es wird von Delphinen berichtet, die Seeleute vor dem Ertrinken gerettet haben sollen.

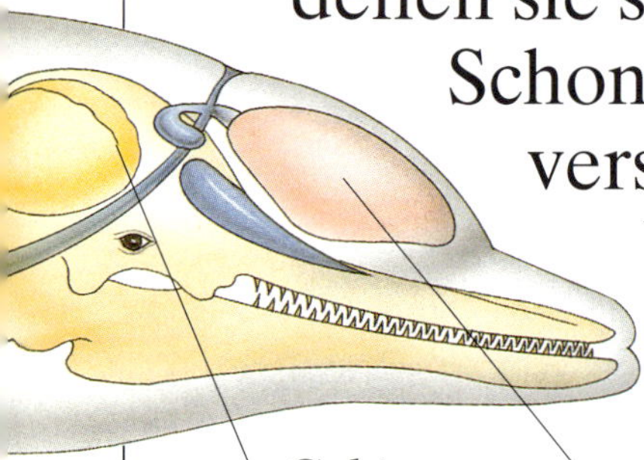

Gehirn

Melonenorgan

Ortung durch Töne
Delphine senden Töne aus, um Nahrung zu suchen und um sich zurechtzufinden. Das Melonenorgan, ein Fettgewebe im Kopf, bündelt die Geräuschwellen, die von Gegenständen zurückhallen. An diesem Echo orientieren sich die Delphine.

Klicklaute

Große bogenförmige Rückenflosse

Delphine brauchen nicht zu trinken. Das nötige Wasser beziehen sie aus ihrer Nahrung, die meistens aus Fischen und Tintenfischen besteht.

Das Maul eines Delphins ist so geformt, daß das Tier ständig zu lächeln scheint.

Zähne zeigen
Der Große Tümmler hat über 100 rund acht Millimeter lange Zähne.

Surfen
Direkt vor einem fahrenden Schiff entsteht die sogenannte Bugwelle. Delphine finden diese Welle besonders interessant. Wie Surfer versuchen sie, diese Welle zu nutzen, und lassen sich von ihr durch das Wasser tragen.

Atemloch

Die meisten Delphine haben eine lange, schnabelartige Schnauze.

Familienleben
Delphine leben in Verbänden, die man Herden nennt. Jungtiere bleiben oft Jahre bei ihrer Mutter. Durch Nachahmen lernen sie, Fische zu fangen, sich gegenseitig zu verständigen und vor Haien in Sicherheit zu bringen.

Wie alle Zahnwale haben auch die Delphine nur ein Atemloch. Bartenwale dagegen haben zwei Nasenlöcher.

Der Große Tümmler ist sehr verspielt. Aus dem Wasser zu springen macht ihm großen Spaß.

Schwanzflosse

Genau wie du einen eigenen Namen und eine unverkennbare Stimme hast, hat auch jeder Delphin sein eigenes Pfeifen, an dem ihn seine Artgenossen erkennen.

Die Delphinfamilie

Schweinswal

Großer Tümmler

Weißseitendelphin

Gemeiner Delphin

Rundkopfdelphin

Schwertwal (Männchen)

Der größte Delphin
Schwertwale sind gefährliche Delphine, die bis zu neun Meter lang werden. Dieser jagt gerade einen Seelöwen.

Robben

Wie alle Säugetiere erzeugen Robben ihre Körperwärme selbst. Da sie häufig in sehr kaltem Wasser schwimmen oder sogar auf Eisschollen liegen, muß die Wärme in ihrem Körper gehalten werden. Robben ziehen sich keinen dicken Mantel an wie du, um sich warm zu halten. Sie haben statt dessen einen Pelz und eine dicke Fettschicht am Körper, die sie vor dem Erfrieren bewahren.

Kuscheltiere
Robbenbabys werden an Land geboren. Während der ersten Wochen haben viele von ihnen ein weiches, flauschiges Fell.

Alle Robben verfügen über ein gutes Gehör, aber nur die Seelöwen und die Pelzrobben haben auch Ohrmuscheln. Die Ohren dieses Gemeinen Seehundes sind lediglich zwei winzige Löcher.

Wenn ein Seehund unter Wasser taucht, verschließt er Maul, Nase und Ohren.

Mit ihren Barthaaren erspüren die Robben Bewegungen im Wasser. Das erleichtert ihnen die Jagd auf Fische, Muscheln, Schnecken und Tintenfische.

Großes Gedränge
Hier liegen Walrosse am Strand! Dicht an dicht, neben- und sogar auf- und untereinander.

Die Robbenfamilie

Es gibt drei verschiedene Gruppen von Robben:

Watschelgang
Seelöwen, Pelzrobben und Walrosse können sich mit den Vorderflossen aufrichten und die Hinterflossen nach vorn klappen. So können sie sich an Land fortbewegen, ja sogar laufen. Seehunde dagegen rutschen an Land nur auf dem Bauch umher.

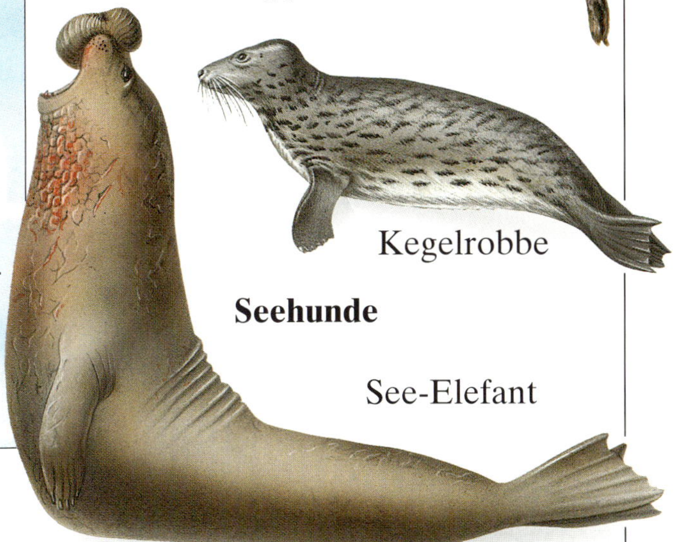

Kegelrobbe

Seehunde

See-Elefant

Mit ihrem glatten, stromlinienförmigen Körper schwimmen die Robben oft schnell genug, um sich vor Schwertwalen und Eisbären zu retten.

Ohrenrobben

Nördliche Pelzrobbe

Robbenfressende Robben
Seeleoparden sind gefährliche Tiere. Sie tauchen plötzlich aus dem Meer auf und reißen Pinguine, aber auch andere Robbenarten vom Eis ins Wasser.

Kalifornischer Seelöwe

Die Fettschicht ist gut zehn Zentimeter dick.

Dieser Seehund ist keine zwei Meter lang. Ein See-Elefant dagegen kann von der Nase bis zu den Hinterflossenspitzen rund sechs Meter lang werden. Damit übertrifft er sogar die Giraffe an Länge.

Seehunde – wie dieser Gemeine Seehund – treiben sich durch Auf- und Abwärtsbewegungen ihrer Hinterflossen durch das Wasser.

Walrosse

Männliche Walrosse kämpfen mit ihren großen Zähnen gegeneinander.

Seevögel

Eier des Papageitauchers (natürliche Größe)

Ballonvogel
Der Fregattvogel bläht sich auf, um ein Weibchen anzulocken.

Meeresvögel gibt es fast überall auf der Welt, doch sie leben unter unterschiedlichen Bedingungen. Pinguine tauchen unter das Eis, Möwen gleiten über die Wellen, und Albatrosse schweben hoch über tropischen Inseln. Eines aber haben alle Seevögel gemeinsam: Sie gehen im Sommer an Land, um ihre Eier auszubrüten.

Männliche Papageitaucher kämpfen mit ihren Schnäbeln gegeneinander.

Auge

Seevögel trinken Meerwasser. Das Salz tropft aus ihren Nasenlöchern.

Fliegt ein Papageitaucher tief über der Wasseroberfläche, können Fische ihn nicht sehen. Denn die Brustfedern des Vogels haben die Farbe des bewölkten Himmels.

Auf einer Klippe legen die Papageitaucher alljährlich ein weißes Ei in ein gepolstertes Erdloch. Diese Höhle graben sie mit den Klauen.

Futterneid
Wie viele andere Vögel auch ist die Sturmschwalbe mit von der Partie, wenn es etwas zu fressen gibt.

Tauchkünstler
Meeresvögel haben unterschiedliche Techniken zum Fisch- und Planktonfang entwickelt. Die Tölpel stürzen sich kopfüber ins Wasser, die Fregattvögel dagegen jagen anderen Vögeln das Futter ab!

Schwimmfuß

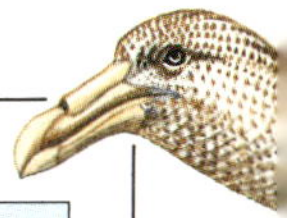

Vogelparade
Seevögel gibt es in ganz unterschiedlichen Größen. Das Mädchen mit dem Meßstab ist 1,25 Meter groß, nur etwas größer als der größte Pinguin.

Vollendete Flieger
Die weißen Flügel eines Wanderalbatros können von Spitze zu Spitze über drei Meter messen. Mit ausgestreckten Flügeln schweben diese Vögel durch die Lüfte und legen am Tag über 800 Kilometer zurück. In den ersten vier Jahren ihres Lebens sind sie fast nur in der Luft.

Silbermöwe

Kaiserpinguin

Fregattvogel

Blaufußtölpel

Rotschwanz-Tropenvogel

Hauben-Papageitaucher

Das Federkleid der meisten Seevögel ist von einem wasserabweisenden Ölfilm überzogen.

Flugfeder

Kurzer Schwanz

Luft, die sich unter den Federn einfängt, hält die Seevögel warm.

Papageitaucher sind keine guten Flieger – sie haben nur kurze Flügel und einen schweren Körper. Unter Wasser allerdings dienen ihnen die Flügel als Flossen.

Übergewicht!
Tölpeljunge werden mit Fisch so sehr überfüttert, daß sie zu schwer werden, um mit ihren Eltern davonzufliegen. Deshalb lassen sie sich von der Klippe, auf der sie ausgeschlüpft sind, direkt ins Meer plumpsen und schwimmen zuerst. Während dieser Zeit zehren sie von ihrem Fettvorrat, bis sie leicht genug sind, um fortfliegen zu können.

Meeresschildkröten

Der Körper fast aller Schildkröten ist – bis auf Kopf und Beine – mit Hornplatten und einem knochigen Panzer bedeckt. Dieser Panzer schützt sie vor Feinden. Wegen ihrer flachen Gestalt können Meeresschildkröten mit einer Geschwindigkeit von bis zu 65 Kilometern in der Stunde durch das Wasser schießen.

Innenleben
Das Unterteil des Panzers dieser Schildkröte ist entfernt worden, damit du ihr Skelett sehen kannst.

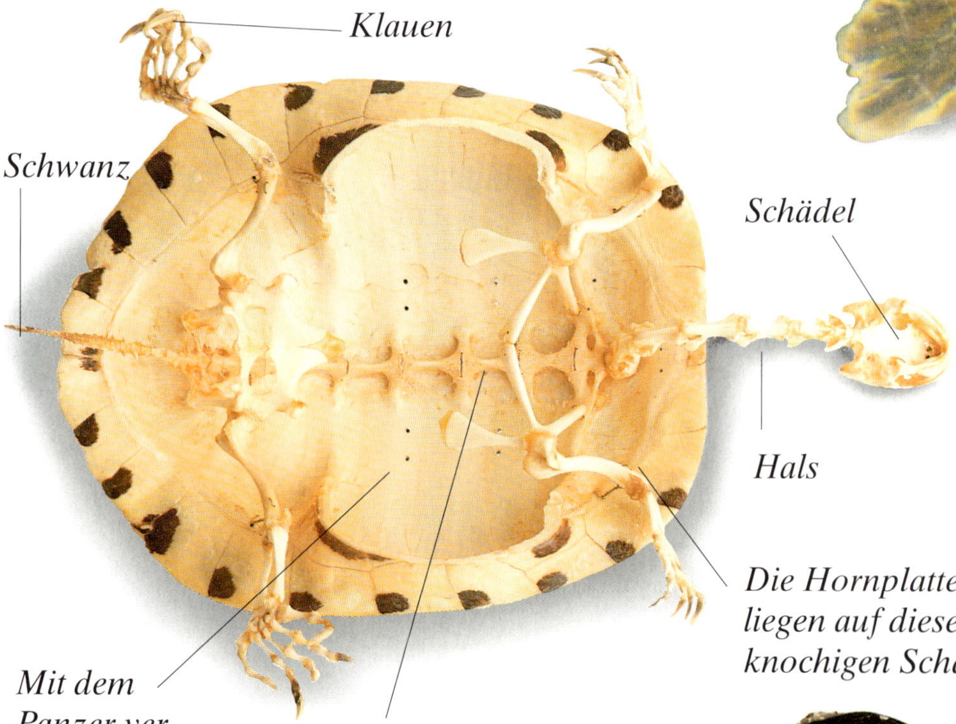

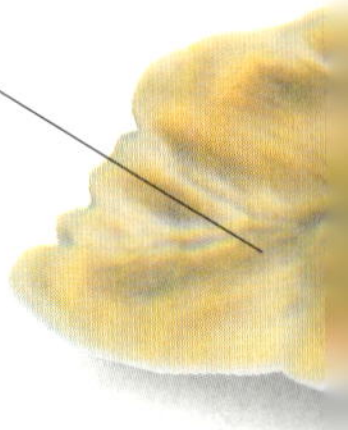

Schildkrötenbrut
Eine Meeresschildkröte gräbt mit ihren starken Hinterflossen am Strand ein Loch und legt mehr als 100 Eier hinein, die sie dann mit Sand abdeckt. Sind die Jungen geschlüpft, krabbeln sie schnell zum Wasser, um nicht von Krebsen oder Vögeln verspeist zu werden.

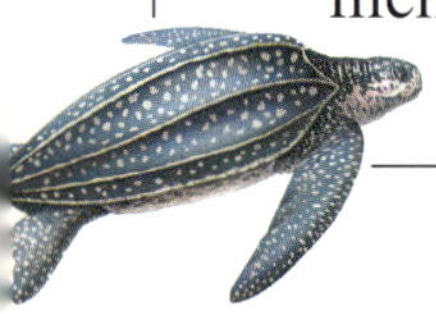

Meeresschildkröten

Groß und lederartig
Der Panzer der Lederschildkröte ist statt mit Hornplatten oben mit einer lederartigen Haut bedeckt.

Schildkröten haben keine Zähne, ihre Kiefer sind vielmehr mit einem Hornschnabel bedeckt.

Diese Echte Karettschildkröte frißt mit Vorliebe Krebse und Tintenfische. Die Grünen Meeresschildkröten dagegen ernähren sich von Meeresalgen und Seegras.

Echte Karettschildkröte

Grüne Meeresschildkröte

Pazifische Bastard-Schildkröte

Unechte Karettschildkröte

Lederschildkröte

Vom Aussterben bedroht!
Die großen Hornplatten, die den Panzer der Meeresschildkröten bedecken, bestehen – wie deine Fingernägel – aus Keratin. Man nennt sie auch Schildpatt. Früher hat man die Tiere wegen dieser Platten getötet. Das ist heute verboten, weil die Tiere vom Aussterben bedroht sind.

Diese Gegenstände sind aus Schildpatt hergestellt.

Weite Wanderungen

Viele Tiere verbringen ihr ganzes Leben an einem Ort. Andere über- oder durchqueren ganze Ozeane auf der Suche nach Futter oder um ihre Jungen zur Welt zu bringen. Diese regelmäßigen Ortswechsel nennt man Wanderungen. Niemand weiß, wie die Tiere weit entfernte Gegenden und Plätze finden, an denen sie vorher noch nie gewesen sind.

Im Schwarm
Heringe haben feste Wanderzeiten. Von ihrem Winterstandort schwimmen sie zur Nahrungsaufnahme in tiefere, wärmere Gewässer. Sie laichen, je nach Rasse, im Frühjahr, Sommer oder Herbst.

Langer, dünner Fühler

Bis zu 60 Langusten marschieren in einer Reihe. Sie halten Kontakt, indem sie sich mit ihren Fühlern berühren.

Manchmal legen die Langusten ihre Vorderbeine um das Tier, das vor ihnen geht. Dadurch verhindern sie, daß sie durch starke Strömungen voneinander getrennt werden.

Walwanderung
Jedes Jahr im Oktober ziehen die in der Nähe des Nordpols lebenden Grauwale nach Süden. Vor der mexikanischen Küste bringen sie ihre Jungen zur Welt. Im März schwimmen sie wieder nach Norden. Auf dieser Reise legen sie bis zu 20 000 Kilometer zurück.

Langustenwanderung
Die Langusten, die vor der Küste Floridas leben, ziehen bei den ersten Winterstürmen nach Süden. Nach einer rund 100 Kilometer langen Reise erreichen sie wärmere Gewässer und legen ihre Eier ab. Sie machen zwar nicht so weite Wanderungen wie Wale, Vögel und Fische, aber schließlich müssen sie ihre Reise zu Fuß auf dem Meeresgrund zurücklegen.

Lachswanderung
Zum Laichen verlassen die Lachse den Ozean, um in den Fluß, in dem sie geboren wurden, zurückzukehren. Dabei kann sie nichts aufhalten, selbst steilste Hindernisse überspringen sie auf ihrer Wanderung.

Ewiger Sommer
Die Küstenseeschwalbe lebt im Sommer im Norden. Wenn es im Herbst kälter und das Futter knapp wird, fliegt sie nach Süden und verbringt dort den antarktischen Sommer. In ihrem Leben legt sie etwa die Strecke Erde–Mond–Erde zurück.

Die Tiefsee

Auf dem Grund des Ozeans herrscht totale Finsternis, und es ist dort unten so kalt wie in einem Kühlschrank! Aber selbst an diesem ungastlichen Ort leben noch seltsame Fische. Wenn du so weit hinabtauchen könntest, würdest du winzige Lichtblitze sehen, die von Tiefseefischen abgegeben werden. Mit diesem Licht wollen die Tiere in der Dunkelheit Aufmerksamkeit erregen – ähnlich wie die Lichtreflektoren an Kleidungsstücken und Fahrrädern.

Naturschauspiel
Wunderschöne Quallen treiben langsam in der Tiefsee dahin.

Lichtsucher
Dieser Beilfisch lebt im Halbdunkel. Seine großen Augen sind dem von oben einfallenden Licht zugewandt.

Wie die meisten Tiefseefische ist auch dieser weibliche Anglerfisch kaum zehn Zentimeter lang.

Mit dieser dünnen Schwanzflosse schwimmt der Anglerfisch nur sehr langsam.

Leben im Schlick
Viele Tiere leben in dem dicken Schlick, der den Grund der Meere bedeckt. Sie ernähren sich von den Überresten toter Pflanzen und Tiere, die von oben herabsinken.

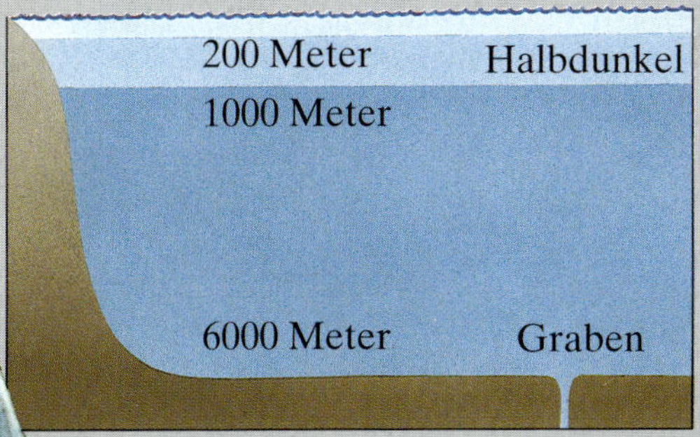

Licht und Dunkelheit
Die meisten Ozeane sind rund 6000 Meter tief. Das Licht erhellt nur die oberen Wasserschichten. Unterhalb 1000 Meter herrscht völlige Dunkelheit.

Delikatessen
In den Tiefen des Meeres ist die Nahrung knapp. Deshalb sind die leuchtendroten Garnelen eine bevorzugte Mahlzeit vieler Tiefseebewohner.

Heißwasserfontänen
Wie ein Unterwasservulkan bricht an manchen Stellen kochendheißes Wasser durch den Schlick. Dabei entsteht aus Ablagerungen eine Art Schornstein, auch Schwarzer Raucher genannt.

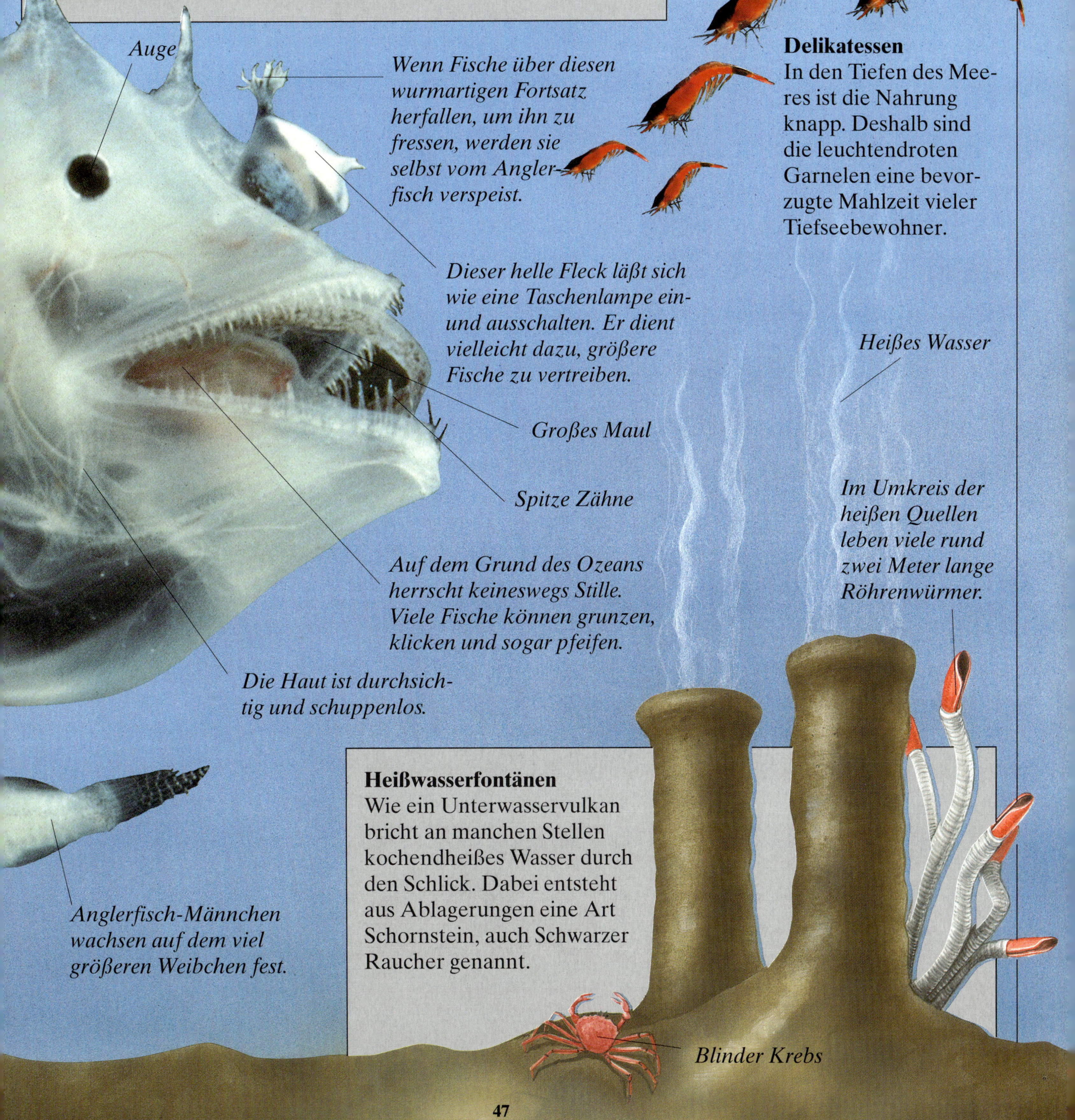

Stichwörter

Art Eine Sorte Tier. Männliche und weibliche Angehörige einer Art können zusammen Junge bekommen. Pottwal und Finnwal können zum Beispiel keine Jungen zeugen, weil sie verschiedenen Arten angehören.
Atemloch Ein oder mehrere Nasenlöcher des Wals, die auf der Oberseite seines Kopfes zu sehen sind.
Ei Ein ungeborenes Tierjunges und seine Nahrung. Ein Ei ist gewöhnlich von einer Schale umschlossen.
Fischbein Ein horniges Material, das in Gestalt der Barten vom Oberkiefer einiger Wale herabhängt. Es läßt Wasser passieren, hält aber Kleinlebewesen im Rachen zurück.
Flosse An den Seiten oder dem Schwanz eines Fisches vorhandenes flaches, knochengestütztes Körperteil. Mit Hilfe der Flossen bewegen sich die Fische im Wasser fort. Auch die Schwimmorgane von Walen, Delphinen, Robben und Seeschildkröten werden Flossen genannt.
Flossenstachel Ein kleiner, steifer Stab, der eine Flosse festigt.
Fühler Ein fadenförmiges Tastorgan.
Gelenk Das Scharnier, das zwei oder mehr Knochen miteinander verbindet, zum Beispiel das Knie.
Gezeiten Durch die Anziehungskraft von Sonne und Mond entstehende abwechselnde Niedrigwasser (Ebbe) und Hochwasser (Flut).
Gräben Breite Vertiefungen auf dem Grund des Ozeans.
Häutung Abstoßen und Erneuern der alten Haut oder des alten Panzers.
Kiemen Körperanhänge, mit denen dem Wasser Sauerstoff entnommen und den Tieren das Atmen im Wasser ermöglicht wird.
Knorpel Ein elastisches Material, aus dem das Skelett von Haien und Rochen gebildet ist.
Korallen Kleine Seetierchen, die hart oder weich sein können. Harte Korallen bauen um sich herum Gehäuse aus Kalk.
Laichen Das Verspritzen von Millionen winziger weichschaliger Eier in die See.
Larven Ein frühes Stadium im Leben vieler Tiere wie zum Beispiel der Fische, Krebse Schnecken und Muscheln. Im Aussehen unterscheiden sich die Larven von den erwachsenen Tieren.
Lunge Ein Körperorgan, das die Atmung an der Luft ermöglicht. Säugetiere haben zum Beispiel eine Lunge.
Mineralien Chemische Substanzen wie Salz oder Eisen. Viele davon sind für Lebewesen lebensnotwendig, manche aber auch sehr giftig.
Ozean Ein riesiges Salzwassergebiet, das größer und tiefer ist als ein See.
Panzer Die Schutzhülle der Krebstiere und Schildkröten.
Plankton Winzige Pflanzen und Tiere, die im Meer treiben und von vielen anderen Tieren verspeist werden.
Reptil Ein wechselwarmes Wirbeltier mit Schuppenhaut, das seine Eier an Land legt.
Riff Ein aus Korallenskeletten bestehendes Gebilde, das in flachen warmen Meeren in Strandnähe emporwächst.
Salz Das häufigste Mineral im Ozean. Es gibt dem Wasser den salzigen Geschmack.
Sauerstoff Ein Gas, das Mensch und Tier zum Atmen brauchen. Es ist in der Luft und im Wasser enthalten.
Säugetiere Tiere, die einen warmen Körper haben und lebendige Junge gebären, die sie mit Milch säugen. Auch der Mensch gehört zu dieser Gruppe.
Schale Die Schutzhülle der Weichtiere.
Schuppen Kleine, flache, harte Platten, von denen die Haut der Fische und auch die einiger anderer Tiere bedeckt ist.
Skelett Die tragenden Teile eines Tierkörpers. Das Skelett der Wirbeltiere besteht aus Knorpeln oder Knochen.
Stromlinienform Meerestiere mit abgerundetem Körper sind stromlinienförmig gebaut. Die schlanke Gestalt macht sie zu besonders schnellen Schwimmern.
Tarnung Körperformen oder -farben, durch die ein Tier für Freßfeinde nicht mehr erkennbar ist.
Tran Eine dicke Fettschicht unter der Haut, die Wale, Robben und Walrosse warm hält.
Wanderungen Die regelmäßigen Zugbewegungen von Tieren auf der Suche nach Futter oder um der Kälte zu entfliehen. Dabei werden oft weite Entfernungen zurückgelegt.
Wechselwarme Tiere Die Körpertemperatur wechselwarmer Tiere steigt oder fällt je nach Außentemperatur.
Weichtiere Tiergruppe, zu der unter anderem Muscheln, Schnecken und Tintenfische gehören.
Wirbelsäule Knochensäule aus ähnlichen Bauteilen, den Wirbelkörpern, die den Kopf trägt und den Rumpf stützt. Amphibien, Reptilien, Vögel, Säuger, Fische und Kieferlose haben eine Wirbelsäule.

Danksagung

Fotografie: John Edwards und James Stevenson.

Illustrationen: Annabelle Milne und Roy Flooks.

Modelle: Truly Scrumptious Child Model Agency.

Besonders danken möchten wir: Lee Marshfield vom Meereskundezentrum in Portsmouth und Dr. Potts von der Marine Association in Plymouth.

Bildnachweis

Ardea: François Gohier 34gu, 35go, 37, 44gu; Mike Osmond/Auscape International 4/5m, 34/35; Ron & Valerie Taylor 26; **Biofotos:** Heather Angel 38go, 47; **Bruce Coleman:** Francisco Erize 39go, Dr. Inigo Everson 34go, Jeff Foott Productions 10gol, 36/37, Dieter & Mary Plage 7, Hans Reinhard 38gu; **Robert Harding Picture Library:** Schuster/Kosel 39gul; **Dianne R. Hughes** (Biological Sciences, Macquarie University, NSW, Australien) 27gom; **Frank Lane Picture Library:** H. D. Brandt 45gor; **NHPA:** Anthony Bannister 43, J. Carmichael 32gul, B. Jones & M. Shimlock 2gu, 31gu, Ashod Papaziar 29, John Shaw 45gol, Roy Waller 1, 10gor Bill Wood 24mlu; **Oxford Scientific Films:** Doug Allen 39gu, Kathie Atkinson 14mr, Laurence Gould 30m, Mark Hamblin 5gor, 40/41, Umschlagrückseite gur, Frank Huber 5mru, 45gu, T. S. McCann 41go, Ben Osborne 40gu, Peter Parks 4m & mlu, 12go & r, 12/13go&gu, 46gor, Frank Schneidermeyer 36go, Wisniewski/Okapia 40go; **Pictor** Vorsatzblatt; **Planet Earth Pictures:** Leo Collier 19gu, Mark Conlin 3m, 11gor, Peter David 46/47, Walter Deas 32gur, Georgette Douwma 25mro, A. Kerstich 20ml, Kenneth Lucas 10gu, 21gom, 23gu, Doug Perrine 4gu, 14/15, Christian Petron 15gur, Peter Scoones 24gul, 25gul, 33mgu, 44go, Herwath Voigtmann 28, James D. Watt 5gu, 24m, 36gu, 38/39; Margaret Welby 41gu, Norbert Wu Titelseite mlu, 5mgu, 20gor, 46l; **Science Photo Library:** Dr. Gene Feldman/NASA/GSFC 13go, Tom Van Sant/Geosphere Project, Santa Monica 6gol; **Survival Anglia:** Annie Price 42.

go = **ganz oben**, l = **links**, r = **rechts**, o = **oben**, m = **Mitte**,
mu = **Mitte unten**, gu = **ganz unten**, mlu = **Mitte links unten**, mru = **Mitte rechts unten**

Register

Armfüßer **7**

Blasenschnecke **14**

Delphine **36–37**
  Gemeiner **37**
  Großer Tümmler **7, 37**
  Rundkopf- **37**
  Schweinswal **37**
  Schwertwal **7, 37**
  Weißseiten- **36–37**

Entenmuschel **17**

Felstümpel **8–9**
Fische **22–25**
  Anemonen- **30**
  Angler- **6, 46–47**
  Beil- **6, 46**
  Dreistelzen- **7, 46**
  Fliegender **6**
  Flunder **33**
  Heringe **7, 44**
  Igel- **25**
  Makrele **7, 23**
  Mandarin- **33**
  Meerbrasse **23**
  Neunauge **23**
  Papagei **24**
  Pinzett- **24**
  Rotfeuer- **25**
  Röhrenmaul **25**
  Säge- **29**
  Sardellen **6**
  Scholle **23**
  Seenadel **33**
  Stein- **33**
  Zwerggrundel **24**
Flamingozungenschnecke **14–15**

Garnelen **6, 17, 47**

Haie **26–27**
  Alligator- **6**
  Atlantischer Herings- **27**
  Blau- **7, 26**
  Fuchs **27**
  Gefleckter Leopard **23**
  Glatt- **27**
  Großer Weißer **26, 27**
  Hammer- **27**
  Kleiner Leucht- **27**
  Riesen- **26, 27**
  Schwarzspitzen- **27**
  Stachel- **27**
  Tiger **26**
  Wal **24**
  Weißspitzen- **27**
Hummer **17**

Käferschnecke **15**
Kahnfüßer **14, 15**
Kalmar **6, 21**
  Riesen- **21**
  Vampir- **21**
Kammuschel **14**
Korallen **15, 30–31, 48**
  Fächer- **31**
  Hirn- **31**
  Platten- **7, 31**
  Schmuck- **31**
  Tote Mannshand **31**
Krebse **12, 16–17**
  Einsiedler- **17**
  Erbsenkrabbe **17**
  Furchen- **17**
  Rankenfuß- **17**
  Meerspinnen- **16**
  Strandkrabbe **17**
  Taschen- **6, 17**
Kraken **6, 12, 20–21**
Kreiselschnecken **6, 9**
Krill **34**
Küstenseeschwalbe **45**

Lachse **45**
  Atlantischer **6**
Langusten **44–45**

Meeresalgen **10–11**
Meeresassel **17**
Meeresnacktschnecke **7, 32**
Meersalat **10**
Messermuschel **14**
Möwen **7, 40**

Napfschnecke **8, 9**
Nautilus **21**

Papageitaucher **40–41**
  Hauben- **41**
Pelikan-Aal **6**
Pinguin **40**
  Kaiser- **41**
Plankton **6, 12–13, 48**
Plattmuschel **14**

Quallen **46**
  Kugelrippen- **13**
  Portugiesische Galeeren- **7**
Quastenflosser **25**

Riesenmuschel **7, 15**
Robben **38–39**
  Kegel- **6, 39**
  Nördliche Pelz- **39**
  See-Elefant **39**
  Seehund, Gemeiner **38–39**
  Seeleopard **39**
Rochen **28–29**
  Adler **29**
  Band- **29**
  Geigen- **29**
  Manta **7, 28**
  Nagel- **28**
  Stachel- **6, 29**
  Zitter- **29**
Ruderfüßer **12–13**

Sandklaffmuschel **14**
Scherenschnabel **40**
Schildkröten **42–43**
  Grüne **7, 43**
  Karett- **43**
  Leder- **43**
  Meeres- **42–43**
  Pazifische Bastard- **43**
Schwämme
  Gießkannen- **6, 46**
  Glas- **7, 46**
Seeanemone **8, 9, 17, 30**
Seefeder **6, 31**
Seegras **7**
Seegurke **7, 19, 46**
Seeigel **8, 19, 32**
  Gemeiner **19**
  Griffel- **19**
  Violetter **10**
Seelilie **6, 19**
Seelöwe **37, 39**
  Kalifornischer **39**
Seeotter **10**
Seepferdchen **7, 23**
Seesterne **10, 12, 18–19**
  Gänsefuß- **19**
  Gemeiner **6, 18**
  Kammstern **18**
  Kurzarmiger **7**
  Polsterstern **18**
  Schlangensterne **6, 19**
  Sonnenstern **19**
Sturmschwalbe **40**

Tange **10–11**
  Birn- **11**
  Blasen- **10–11**
  Finger- **10**
  Kamm- **10**
  Riemen- **10, 11**
  Rinnen- **10**
  Rot- **9, 11**
  Roter Eichen **10**
  Silber- **41**
  Zucker- **11**
Tiefsee-Asselspinne **46**
Tintenfische **20–21**
  Gemeiner **9, 21**
Tölpel **40, 41**
  Blaufuß- **41**

Vögel **40–41**
  Albatros **41**
  Fregatt- **40, 41**
  Rotschwanz-Tropen- **40, 41**

Wale **34–35**
  Beluga- oder Weiß- **35**
  Blau- **35**
  Buckel- **34–35**
  Grau- **35, 44**
  Grönland- **35**
  Mink- **35**
  Nar- **35**
  Nordkaper- **6**
  Pott- **7, 21, 35**
Walroß **38, 39**
Wobbegong **27**
Würmer
  Pfeil- **13**
  Röhren- **6, 47**